墨香财经学术文库

"十二五"辽宁省重点图书出版规划项目

U0657003

Credit Risk Rating of Small Enterprises

from the Perspective of Loss Given Default

违约损失率视角下
小企业信用风险评级研究

赵志冲 ◎ 著

东北财经大学出版社
Dongbei University of Finance & Economics Press

大连

图书在版编目（CIP）数据

违约损失率视角下小企业信用风险评级研究 / 赵志冲著. 一大连：东北财经大学出版社，2020.10

（墨香财经学术文库）

ISBN 978-7-5654-3727-4

Ⅰ. 违… Ⅱ. 赵… Ⅲ. 中小企业−信用评级−研究−中国 Ⅳ. F832.4

中国版本图书馆 CIP 数据核字（2019）第 296267 号

东北财经大学出版社出版发行

　　大连市黑石礁尖山街 217 号　　邮政编码　　116025

　　网　　　址：http：//www.dufep.cn

　　读者信箱：dufep @ dufe.edu.cn

大连永盛印业有限公司印刷

幅面尺寸：170mm×240mm　字数：145千字　印张：10.5　插页：1
2020年10月第1版　　　　2020年10月第1次印刷
责任编辑：孙晓梅　孔利利　　责任校对：荔　立
封面设计：冀贵收　　　　　　版式设计：钟福建
定价：38.00元

国家自然科学基金青年科学基金项目
(71901055)

国家自然科学基金重点项目
(71731003)

辽宁省社会科学规划基金项目
(L18DGL007)

辽宁省教育厅科学研究项目
(LN2019Q66)

大连银行小企业信用风险评级系统与
贷款定价项目（2012-01）

"东北财经大学'双一流'建设项目
高水平学术专著出版资助计划"资助出版

序言

　　信用是以还本付息为条件的借贷活动。信用风险的本质是违约风险，因此信用风险评级是通过对客户违约风险进行识别，进而挖掘出不同信用等级贷款客户的违约损失率大小。

　　在信用风险评级中，如果违约特征提取出错，那么会给全社会和整个经济系统带来重大影响，例如 2008 年的全球金融危机正是由于违约特征的判断失误、发放过多的次级贷款导致的。相反，如果违约特征识别准确、对违约客户进行有效甄别，那么会大量减少银行的损失，例如 2014 年中国商业银行的贷款规模是 66.6 万亿元，贷款客户的损失率假如降低 10%，就可为商业银行减少近 7 万亿元的损失。

　　本书分为 8 章。第 1~3 章总体介绍了信用风险评级的研究意义、研究进展，以及信用风险评级的相关理论；第 4 章构建了基于显著区分违约状态的小企业信用风险评价指标体系；第 5 章构建了基于违约状态判别的信用风险评价模型；第 6 章构建了基于违约金字塔和信用分数聚类的信用等级划分模型；第 7 章探讨了影响小企业贷款违约损失率的关键特征的挖掘；第 8 章是研究结论与展望。各章的研究内容层层递进，反映了信用风险评级研究的基本理论框架。

针对银行信用风险评级不仅注重违约概率，而且注重违约损失率这一现实背景，本书从违约损失率这个视角研究小企业信用风险评级，促进银行信用风险评价指标体系由以违约状态为标准的单维评级向既重违约概率又重违约损失率的多维评级发展。

本书的特色包括以下三个方面：

（1）通过违约金字塔标准和信用分数聚类标准，建立客户等级划分的非线性规划模型，使信用等级划分结果在相同等级不同客户的信用状况大致相近的情况下，满足"信用等级与违约损失率呈反向关系"，避免出现信用等级不低、违约损失率反而很高的荒谬现象。

（2）在 1 个关键指标对应不同特征的情况下，以不同特征内部客户违约损失率的组内方差为标准，通过最小显著差异 LSD 检验，确定违约风险最大的小企业关键特征，抓住信用风险管理的关键，开拓信用风险评级理论的新思路，从根本上改变现有研究仅立足于客户排序，忽略信用风险管理中关键特征深度挖掘和探索的弊端。

（3）根据信用风险评级结果的违约鉴别能力越强，也就是"非违约客户的信用得分越高、违约客户的信用得分越低"、相应的赋权方法越好的思路，在不同赋权方法中确定一种最优的，不仅能避免现有评级结果不能有效区分违约与非违约客户，使得二者存在大量重叠的不足，而且能避免现有研究随机主观选择赋权方法，没有与评价目的相联系的不足。

作者赵志冲向读者展示了在信用风险评级领域中信用风险评价指标体系的建立、评价模型的构建及信用等级划分等的理论及方法，实现其研究工作的层次不断递进及分析和解决问题方法的不断创新。

我郑重向读者推荐这部学术专著。相信本书的出版不仅会推动信用风险评级领域的科学研究，也一定能对商业银行的小企业信用风险评级实践发挥重要作用。

迟国泰

2020 年 9 月

前言

　　信用是以还本付息为条件的借贷活动。信用风险即违约风险，衡量的是客户如期如额偿还贷款的可能性。信用风险评级是对客户信用风险即违约风险的评级。

　　信用风险是商业银行面临的主要风险，在国民经济中具有重要影响。例如百年不遇的 2008 年国际金融危机，正是由于次级贷款大规模违约引起的。中国银行保险监督管理委员会发布的数据显示，2018 年中国商业银行的不良贷款余额高达 2 万亿元，该领域的信用风险管理问题亟待解决。

　　小企业占企业总数的 99% 以上，创造的价值相当于我国 GDP 的 60%，提供了 80% 的就业岗位，在国民经济中具有重要地位。小企业融资 85% 以上来自商业银行，但是银行为小企业发放的贷款占比不足 30%，小企业贷款难的现状是普遍存在的。2019 年，政府工作报告中提出"今年国有大型商业银行小微企业贷款要增长 30% 以上"的要求。对商业银行而言，既要响应国家政策要求，加大小企业贷款的发放力度，又要合理控制小微企业贷款风险问题。因此，合理评价小企业的信用风险，有利于改善小企业融资难、融资贵的现状，从而促进金融业发展和增加就业。

目前国内外信用风险评级研究已经取得大量成果，但是大都以违约状态为标准。事实上，0，1违约状态的标准不能反映客户违约损失的程度。因为1元钱的本息未偿还是违约，几千万元的本息未偿还也是违约，但二者对债权人的伤害程度远不一样。这类以违约状态为标准的信用风险评级研究无法衡量客户违约给银行带来的损失程度。

违约损失率（Loss Given Default，LGD）是指债务人违约给债权人造成的损失，衡量的是损失的严重程度。同样作为巴塞尔新资本协议内部评级法的核心参数，违约损失率比违约概率更能全面衡量信用风险。

相对于一般的以违约状态为标准的信用风险评级研究，以违约损失率为标准的信用风险评级研究具有自身的特征和复杂性，主要表现在：违约特征的繁杂、哪些特征与违约损失率之间具有显著的关联关系；违约概率和违约损失率双重标准下信用等级划分模型的复杂性。这些新的特征为信用风险管理提出了新的挑战，但是也同样给信用风险评级研究提供了新的视角和思路。

针对银行信用风险评级不仅注重违约概率，而且注重违约损失率这一现实背景。本书以违约损失率为标准进行小企业信用风险评级研究；促进银行信用风险评价指标体系由以违约状态为标准的单维评级向既重违约概率又重违约损失率的多维评级发展。本书主要包括四个科学问题：

（1）建立了小企业信用风险评价指标体系。以中国某地区性商业银行1994年以来的3 045笔小企业贷款数据为样本进行实证研究，在已保留的m个指标的基础上，顺次加入1个新的指标，建立违约状态0，1与全部m+1个指标间的二元Logistic回归模型，根据指标回归系数β和回归系数的标准误差SE_β构建Wald统计量检验新加入的1个指标是否具备违约鉴别能力，以及已保留的m个指标是否仍然具备违约鉴别能力，删除本身不具备违约鉴别能力的指标，以及由于其他指标的影响导致的违约鉴别能力不显著的指标，保证信用风险评价指标体系中的每个指标都具有显著区分违约与非违约状态的能力。

（2）建立了小企业信用风险评价模型。本书通过对比熵权法、变异系数法、均方差法、Wilks' Lambda 法及 ROC 曲线赋权法共五种赋权方法，最终确定 Wilks'Lambda 法的违约鉴别能力最强，并根据该方法确定的权重建立了小企业信用风险评价模型，确定客户的信用得分。

（3）构建了基于违约金字塔和信用分数聚类的信用等级划分模型。以每一等级内客户信用得分的组内离差最小为目标函数；以下一个等级的违约损失率大于上一个等级的违约损失率为约束条件，建立小企业信用等级划分的非线性规划模型，对 3 045 笔小企业贷款客户进行信用等级划分，并挖掘出不同信用等级贷款客户的违约损失率。

（4）挖掘出影响小企业贷款违约损失率的关键指标和关键特征。第一，通过建立信用等级与信用风险评价指标间的次序 Logit 模型，甄别超速动比率、近3年企业授信情况等13个指标是对信用等级，即违约损失率有显著影响的关键指标。第二，1个关键指标可以划分为不同的特征，例如"企业授信情况"这一指标就对应"有授信记录、无违约、无转贷""有授信记录、无违约、有转贷""无授信记录"等五种特征，通过 LSD 检验甄别出哪一种特征客户的违约损失率显著大于其他特征，该特征就是关键特征。

本书的创新主要有以下三点：

（1）通过违约金字塔标准和信用分数聚类标准，建立客户等级划分的非线性规划模型，使信用等级划分结果在相同等级不同客户的信用状况大致相近的情况下，满足"信用等级与违约损失率间呈反向关系"，避免出现信用等级不低、违约损失率反而很高的荒谬现象。

（2）在1个关键指标对应不同特征的情况下，以不同特征内部客户违约损失率的组内方差为标准，通过最小显著差异LSD检验，确定违约风险最大的小企业关键特征，抓住信用风险管理的关键，开拓信用风险评级理论的新思路，从根本上改变现有研究仅立足于客户排序，忽略信用风险管理中关键特征深度挖掘和探索的弊端。

（3）根据信用风险评级结果的违约鉴别能力越强，也就是"非违约客户的信用得分越高、违约客户的信用得分越低"、相应的赋权方法越好的思路，在不同赋权方法中确定一种最优的，不仅能避免现有评级结果不能有效区分违约与非违约客户，使得二者存在大量重叠的不足；而且能避免现有研究随机主观选择赋权方法，没有与评价目的相联系的不足。

作者博士期间的导师在开发中国邮政储蓄银行农户和商户小额贷款信用风险评级系统时，甲方就明确地提出"一定要避免现有评级体系和现有研究方法把信用差的客户反而评为较高的信用得分的不合理现象"。这既是银行信用风险管理中的难题，又是带有普遍意义的一个异象。迟国泰科研创新团队通过多年的难题攻关，提炼了科学问题的"违约金字塔原理"，即"信用等级越高、违约损失率越低"的信用等级划分标准。本书也是在上述科学问题的基础上进行的研究。

本书的出版得到东北财经大学"双一流"建设项目高水平学术专著出版的资助，在此深表谢意。感谢国家自然科学基金青年科学基金项目（71901055）、国家自然科学基金重点项目（71731003）、辽宁省社会科学规划基金项目（L18DGL007）、辽宁省教育厅科学研究项目（LN2019Q66）、大连银行小企业信用风险评级系统与贷款定价项目（2012-01）对本书的信用风险评级研究的资助。

大连理工大学迟国泰教授为本书作序，向读者推荐这本小书。感谢迟教授过去和现在对我读书和工作过程中从事科学研究的鼓励、指导和帮助。

感谢东北财经大学出版社的编辑多次为本书提供修改建议，确保本书能够顺利出版。

本书的读者对象是金融类，尤其是信用管理、金融工程和银行管理类专业及其相近专业，管理科学与工程类专业的高校师生；商业银行的信贷管理部门，金融机构、企业的征信中心或互联网征信平台的研究人员，以及银行监管当局的有关管理人员。

欢迎研究信用风险评级理论与实践的同行或业界人士指导我们科学

探索或进行合作研究。

由于著者的学识水平所限，书中难免存在疏漏之处，诚恳地希望读者批评指正。

赵志冲

2020 年 9 月

目录

1 导论

1.1 科学问题的性质

1.1.1 信用风险评级

信用是以还本付息为条件的借贷活动。信用风险即违约风险，衡量的是客户如期如额偿还贷款的可能性。信用风险评级是对客户信用风险即违约风险的评级。

信用风险是商业银行等金融机构在经营管理过程中面临的主要风险，在国民经济中具有重要影响，例如2008年百年不遇的国际金融危机，正是由于次级贷款大规模违约引起的。中国银行保险监督管理委员会发布的数据显示，2018年中国商业银行的不良贷款余额高达2万亿元，该领域的信用风险管理问题亟待解决。

信用风险评级实质上是对一笔贷款进行评级，以确定这一笔贷款回收本金和利息、得到偿还的可能性。这种评级不仅能确定小企业信用资质的排序，而且能确定不同等级小企业贷款违约损失率的大小。

目前世界信用风险评级被美国的标准普尔、穆迪和惠誉三大评级机构主导，虽然2008年下半年爆发的百年不遇的国际金融危机把美国评级机构拉下神坛，可是并没有改变美国机构继续作为全球评级信息唯一提供者的地位，全球经济仍然面临因评级导致的信用危机的威胁。例如，2012年7月25日，穆迪宣布将17家德国银行业集团的评级展望由稳定下调至负面，从而加剧了欧洲的债务危机。再如，自2016年以来，中国收到两大国际评级机构的"负面"展望报告，2017年穆迪将中国的主权评级由AA3下调一级至A1，标准普尔则将中国的主权评级由AA−下调一级至A+，这些都导致中国企业海外融资成本的增加。

虽然世界各国都在积极建设评级机构，中国也有中诚信、大公国际等评级机构，但话语权相对较弱，很难得到认可。随着标准普尔正式获准进入中国市场，以及穆迪谋求控股中诚信（目前持有中诚信30%股份）以获得国内评级牌照的传言流转，中国评级业"狼来了"的声音随之而起。泡沫严重的中国评级业，将在外资入华后遭遇巨大冲击，评级主动权可能因为没有核心竞争力而拱手相让。

作为非西方阵营的社会主义国家，中国的银行信用风险评级体系建立的过程也必然是曲折和复杂艰难的。中国人民银行前行长周小川指出中国要减少对国际评级机构的依赖，建立中国自主知识产权的评级体系。中国信用风险评价指标体系的建立需要学术界和业界都贡献一份力量。

1.1.2 信用风险评级对象

本书选取小企业信用风险评级进行研究，主要基于以下五个方面的原因：

一是小企业对促进我国经济发展、社会稳定起着不可忽视的作用。小企业占我国企业总数的99%以上，提供了80%以上的城镇就业岗位。我国国内生产总值的70%、发明专利的65%、新产品开发的80%都是由小企业创造的[①]。小企业已经成为在我国经济发展过程中不可忽视的重要因素之一。

二是小企业贷款难、融资难的现状普遍存在。由于小企业财务信息与经营数据不够规范，目前没有行之有效、得到认可的小企业信用风险评价指标体系，因而在小企业信贷方面银行碍于风险控制问题，对小企业采取惜贷政策，贷款难、融资难成为制约小企业发展的"瓶颈"问题。

三是小企业是商业银行极其重要的客户市场。根据世界银行2018年发布的《中小微企业融资缺口：对新兴市场微型、小型和中型企业融资不足与机遇的评估》报告，我国中小微企业潜在融资缺口高达1.9万亿美元，缺口比例高达43.18%[②]。因此，小企业是商业银行重要的客户市场。

四是响应国家政策要求。2019年全国两会的报告提出"今年商业银行小微企业贷款要增长30%以上"的要求。对商业银行而言，既要响应国家政策要求，加大小企业贷款发放力度，又要合理控制小企业贷款风险问题。因此，合理评价小企业的信用风险，有利于改善小企业融资难、融资贵的现状，从而促进金融的发展并增加就业。

五是业界认可的标准普尔、穆迪等国际权威评级机构的评级对象主要是上市公司、债券评级、国家主权评级，同时这些机构的评级体系是不全对外公布其所有指标的"黑匣子"。小企业具有财务信息不完善等特点，国际权威机构的评级不适用于中国的小企业贷款评级。

1.2 研究背景及意义

信用风险评级对国家、企业、个人的投资决策均具有重要的意义。信用风险评级结果的变化小到可以导致企业的倒闭，大到可以引起金融体系的紊乱甚至诱发金融危机。合理的信用风险评级，不仅可以得到客

[①] 叶文添. 美国中小企业融资启示 [EB/OL]. [2019-09-26]. http://finance.ifeng.com/news/hqcj/20121109/7278533.shtml.

[②] 黄志龙. 小微企业的融资缺口究竟有多大？[EB/OL]. [2019-08-29]. http://mini.eastday.com/mobile/180726100549718.html.

户信用等级的排序，为投资者进行债券投资提供决策参考；而且能确定每个信用等级贷款客户违约损失率的大小，从而为商业银行贷款定价中的违约风险溢价参数的测算提供依据。

1.2.1　研究背景

从宏观经济层面上讲，信用风险评级研究适应时代发展的要求。从 20 世纪 90 年代起，越来越多银行贷款的对象从国营企业和集体企业扩大到小企业和个人，但是由于信贷供求双方的信息不对性，恶意拖欠银行贷款的现象不断。同时，随着跨地区、跨银行的经济活动交易越来越多，商业银行对全面把握小企业的信用状况的需求越来越强烈。

从社会层面上讲，信用风险评级研究势在必行。截至 2017 年第一季度，中国商业银行不良贷款率是 1.74%，造成的违约损失额高达 1.58 万亿元。①因此，加强银行信用风险的防范，准确评价客户的违约风险势在必行。

从实践层面上讲，信用风险评级研究不得不做。一方面，在对中国邮政储蓄银行的农户贷款进行评价的过程中，中国邮政储蓄银行的领导提出当使用权威评级机构的评级结果时，会存在好的客户的信用得分低、坏的客户的信用得分反而高的现象。因此，他们提出信用风险评级结果要满足信用等级越高、违约损失率越低的标准，而这也正是信用的本质特征。另一方面，大连银行在对其放贷的小企业进行评价的过程中，大连银行的领导明确提出评级的结果不仅仅是确定一个排序，更重要的要为贷款定价服务，即确定定价的核心参数违约损失率。

综上所述，信用风险评级研究的目的主要有两个：一是挖掘不同等级客户的违约损失率，为贷款定价提供违约风险溢价参数；二是准确评估违约风险，降低不良贷款率。

在信用风险评级研究势在必行的条件下，本书以小企业作为研究对

---

① 李程. 商业银行不良贷款率 1.74% ［EB/OL］. ［2017-04-25］. http://news.ifeng.com/a/20170425/50989639_0.shtml.

象。一方面小企业是经济发展中的重要因素；另一方面小企业贷款难的现状普遍存在，目前没有行之有效的信用风险评价指标体系。

1.2.2 研究意义

（1）现实意义

一是为商业银行、担保公司等金融机构对客户的信用状况进行科学评估提供重要依据。银行是中国信用贷款的核心，2016年通过银行进行的融资近80%，如果银行的信用风险评级出现问题，那么必将对社会经济产生重大影响。

二是测算违约风险参数，为贷款定价打下基础。本书通过挖掘每一个信用等级的违约损失率LGD，确定在发放一笔贷款时违约风险的大小，为贷款定价打下基础。

三是有利于改善小企业贷款难的困境。本书针对财务信息不健全、财务制度不规范的小企业建立了一套合理的信用风险评价指标体系，为银行在给小企业发放贷款时提供决策参考，避免银行因信贷政策损失小企业客户，从而改善小企业贷款难的问题。

四是有利于降低小企业贷款风险，提高商业银行的盈利水平。商业银行收益的大小主要取决于银行自身对风险的控制能力，坏账率高的银行不可能在市场上具有竞争力。2016年，中国商业银行的坏账率近2%，坏账带来的损失高达1.96万亿元。小企业作为商业银行重要的贷款客户来源，若能准确、有效控制小企业的信用风险，必然能够降低商业银行的坏账风险，从而提高商业银行的盈利水平。

（2）理论意义

一是通过建立违约状态与指标数据之间的关联关系，遴选能够显著区分违约与非违约客户的指标，在考虑指标相互影响的条件下，确保构成体系后指标仍能有效区分好坏客户，改变现有信用风险评价指标体系忽略指标间的相互影响，将遴选出的指标简单相加构成体系的不合理现象。

二是在众多的赋权方法中，根据评级结果对违约与非违约客户的区分程度遴选出违约鉴别能力最强的一种赋权方法，改变现有研究随机主观选择赋权方法、没有与评价目相联系的现象。

三是根据信用等级与违约损失率相匹配的思路，使信用等级划分结果在相同等级不同客户的信用状况大致相近的情况下，保证信用等级划分结果满足信用等级与违约损失率呈反向关系，改变现有评级结果存在信用等级很高、违约损失率反而不低的不合理现象，开拓了信用等级划分的新思路。

四是通过挖掘贷款客户特征与违约损失率的关联关系，深入剖析具有哪种指标特征的客户的违约风险最大，例如，针对年龄这一指标，哪一个年龄段的客户的违约损失率最大、对债权人的危害最大？这就对现有信用风险评级理论进行了深化。

（3）应用前景

本书的应用前景十分广阔，主要包括以下四个方面：一是通过建立信用风险评价模型，对客户的信用水平进行评价，为商业银行发放贷款提供决策依据。二是通过挖掘不同信用等级贷款客户的违约损失率，为贷款客户的贷款利率的确定提供参考。三是通过建立信用风险评价指标体系，为中国人民银行征信系统的建立提供评价标准的重要参考。四是除了商业银行外，本书的研究成果还可以应用到担保机构、风险投资机构、互联网融资机构等。

1.3　研究框架

1.3.1　研究设计

基于违约损失率视角下的小企业信用风险评级研究是针对小企业这类商业银行的贷款客户，研究其信用风险，不仅能按照信用风险的大小对不同小企业客户进行排序，而且能进一步挖掘不同信用等级贷款小企业的违约损失率，定量衡量小企业信用风险的大小，并为贷款定价提供违约风险溢价参数，这也是本书的主要目的之一。

本书的另外一个目的是挖掘具有哪种特征的贷款客户的违约损失率最高。这部分研究是在传统信用风险评级研究基础上的深化。

　　基于上述挖掘不同等级贷款客户的违约损失率，以及甄别具有哪种特征的客户的违约损失率最大这两个目的，本书做出如下设计：

　　（1）建立一套小企业信用风险评价指标体系。信用风险评价指标体系是进行信用风险评价的基础，如果没有一套完整的信用风险评价指标体系，那么评价就无从入手。

　　（2）建立信用风险评价模型。根据信用风险评价指标体系建立信用风险评价模型，以确定客户的信用评价得分。通过客户信用评价得分的高低判断客户信用状况的好坏，信用越好的客户评价得分越高，信用越坏的客户评价得分越低。该部分内容是确定评级结果的第一步，在实际操作过程中，银行不仅需要知道客户的信用风险排序，而且需要进一步知道客户的信用风险到底有多大，将会给银行带来的损失有多大。

　　（3）划分信用等级，确定不同信用等级贷款客户的违约损失率。根据信用等级越高、违约损失率越低的标准，并结合信用得分越相近的客户越要划分为同一个信用等级的原则，对客户进行等级划分，挖掘不同信用等级贷款客户的违约损失率，不仅可以帮助商业银行领导具体了解每一个信用等级客户发生违约时会给银行带来的损失；而且能为商业银行提供贷款定价所需要的违约风险溢价参数。

　　（4）挖掘影响贷款违约损失率的小企业关键特征。在传统信用风险评级研究的基础上，即建立信用风险评价指标体系—建立信用风险评价方程—划分信用等级，本书进一步深化了信用风险评级研究，即进一步挖掘出具有哪些特征的小企业的违约损失率最大，也就是具有哪些特征的小企业是商业银行发放贷款时需要重点关注的企业。

　　上述4个方面的设计对应本书第4～7章共4部分研究的内容，每一部分研究的内容都可以作为独立的一部分内容，但是同时4部分研究内容之间又具有逐层递进的关系，即没有信用风险评价指标体系，就不可能建立信用风险评价方程，更不可能划分信用等级，也就谈不上甄别关键特征。因此，在本书各个章节的设计中，第4～7章每一章都对应实证研究过程，每一章都会得到阶段性的结论，并为下一章的研究提供基础。

1.3.2　研究框架

本书第4~7章以中国某地区性商业银行的3 045笔小企业贷款为实证样本，分别构建了小企业信用风险评价指标体系、信用风险评价模型、信用等级划分模型，并在最后一部分对信用风险评级进行了纵深研究，即在信用等级划分结果的基础上，进一步甄别出影响违约损失率的小企业关键特征。

第4章基于显著区分违约状态的小企业信用风险评价指标体系的构建，为小企业信用风险评价模型的构建，以及甄别影响小企业违约损失率的关键特征这两部分内容提供了指标。该章内容是本书的研究基础和关键。

第5章基于违约状态判别的信用风险评价模型的构建，具有承上启下的作用，是在第4章建立的小企业信用风险评价指标体系的基础上，在众多的赋权方法中，根据评级结果对违约客户与非违约客户的区分程度遴选出判别违约状态效果最好的一种赋权方法，进而构建信用风险评价模型，确定贷款小企业的信用评价得分，不仅能够确定小企业的资信排序，而且能够为第6章信用等级的划分提供数据基础。

第6章是在第4~5章确定的客户信用得分的基础上，进一步对客户的信用等级进行划分，通过本书的信用等级划分能够挖掘出不同信用等级客户的违约损失率，为金融产品定价提供违约风险溢价参数。

第7章是在第4~6章的传统信用风险评级研究的基础上的进一步深化，通过在信用风险评价指标体系中萃取影响违约损失率的关键指标，并进一步挖掘同一个指标的哪一种特征是影响违约损失率的关键特征，例如对应"年龄"这一关键指标而言，哪一个年龄段（哪一种特征）的客户给银行带来的损失更大。这比进行信用风险评级研究更为关键、复杂，开拓了信用风险评级理论的新思路，从根本上改变现有研究仅立足于客户的排序却忽略信用风险管理中的关键要素及对其关键特征进行深度挖掘、探索的现状。

本书的主要框架如图1-1所示。

违约损失率视角下小企业信用评级研究

第1章：导论

第2章：信用风险评级的研究进展

第3章：信用评级研究的基本理论

第4章：基于显著区分违约状态的小企业信用风险评价指标体系的构建 → 指标体系 → 第5章：基于违约状态判别的信用风险评价模型的构建 → 信用得分 → 第6章：基于违约金字塔和信用分数聚类的信用等级划分模型

第7章：影响小企业贷款违约损失率的关键特征的挖掘

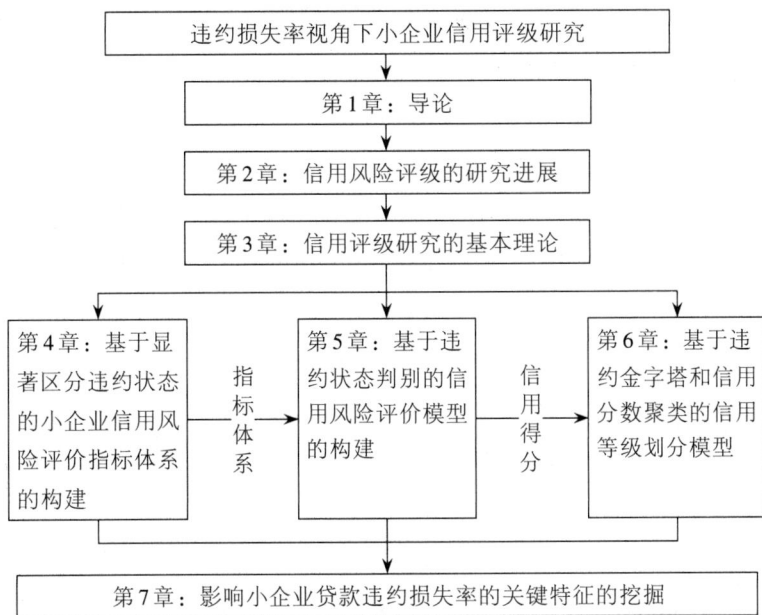

图1-1 本书的主要框架

1.4 创新之处

（1）本书根据违约金字塔标准和信用分数聚类标准，建立客户等级划分的非线性规划模型，并挖掘不同等级贷款客户的违约损失率。

以每一等级内客户信用得分的组内离差最小为目标函数，确保信用得分相似的客户划分为同一等级；以下一等级的违约损失率大于上一等级的违约损失率严格递增为约束条件，建立信用等级划分的非线性规划模型，在相同等级客户的信用状况大致相近的情况下，使信用等级划分结果满足"信用等级与违约损失率呈反向关系"，避免出现信用等级不低、违约损失率反而很高的荒谬现象。

（2）关键特征甄别的创新：通过LSD检验甄别违约损失率最大的关键特征。

在1个关键指标对应不同特征的情况下，例如"企业授信情况"这一关键指标就对应"无授信记录""有授信记录、无违约、无转贷""有授信记录、无违约、有转贷""有授信记录、有违约、未结清""有授信记录、有违约、已结清"五种特征。以不同特征内部客户违约损失率的组内方差为标准，构建判断尺度LSD，检验不同特征内部客户违约损失率是否存在显著差异，在有显著差异的不同特征中，通过比较违约损失率的大小，确定在"企业授信情况"这一关键指标中，哪一种授信情况特征内部客户的违约风险最大。如果某一个特征的违约损失率全部显著大于其他特征的违约损失率，那么该特征即为关键特征。抓住信用风险管理的关键，开拓信用风险评级理论的新思路，从根本上改变现有研究仅立足于客户的排序却忽略信用风险管理中的关键要素及对其关键特征进行深度挖掘、探索的现状。

（3）指标权重确定的创新：根据信用评级结果的违约鉴别能力越强（非违约客户的信用得分越高、违约客户的信用得分越低），相应的赋权方法越好这一思路，在不同赋权方法中确定一种最优方法。

根据客户信用评分与正、负理想点的距离构建评级结果——违约鉴别能力的贴近度C，若违约客户的信用评分越接近最差值0，非违约客户的信用评分越接近最优值1，则贴近度C越大，相应的赋权方法越能在最大程度上区分违约客户与非违约客户，进而在不同的赋权方法中遴选出贴近度C最大的一种，以确保违约客户的评分低、非违约客户的评分高，不仅能避免现有评级结果不能有效区分违约客户与非违约客户，使得二者存在大量重叠情况的不足；而且能避免现有研究随机主观选择赋权方法，而没有与评价目的相联系的不足。

2 信用风险评级的研究进展

信用风险评级是对客户信用风险即违约风险的评级，一般流程包括3个步骤，分别是：构建信用风险评价指标体系，建立信用风险评价模型，以及划分信用等级。本书不仅分析了现有研究在上述3个方面的进展，而且进一步提出了信用风险评级研究的深化，即甄别具有哪些特征的客户其信用风险最大，从而为信用风险管理提供依据。

2.1 信用风险评价指标体系的研究进展

2.1.1 信用风险评价指标体系的相关文献

（1）典型金融机构信用风险评价指标体系

金融界普遍认可的"5C"评级从贷款客户的还款能力和还款意愿两个层面，包括客户的资本、能力、个人品质、外部宏观条件、抵押担保条件5个方面进行评价[1]。除了"5C"体系外，有的银行采用"5W"或"5P"体系进行评价。具体来说，"5W"是通过借款人是谁、为何借款、借款的期限是多少、有无担保物且担保物是什么，以及最终怎样还款 5 个递进关系的层面反映评价的准则；而"5P"体系是通过个人、目的、偿还、保障、前景 5 个并列关系的层面反映评价因素[2]。上述 3 个体系的评价准则虽然名称不同，但是评价角度大同小异。

另外一个经典的评级体系是骆驼评级体系，即 CAMEL 评级体系，由美国金融管理当局发布，其中 C 代表资本充足率、A 代表资产质量、M 代表管理能力、E 代表盈利性、L 代表流动性，骆驼体系从上述 5 个方面对债务人的还款能力和还款意愿进行评价[3]。美国的标准普尔评级、惠誉评级及穆迪评级[4~5] 3 家权威评级机构也构建了反映客户清偿能力的信用风险评价指标体系。这 3 家机构的评级对象主要包括债券、国家主权、上市公司等。日本八千代银行[6]通过打分方法建立小企业信用风险评级体系。中国工商银行[7]建立了针对小企业客户的信用风险评价指标体系，该体系包括资产负债率等企业财务指标，法人代表基本情况等非财务指标，行业景气指数等宏观经济指标。中国建设银行[8]也建立了综合信用风险评价指标体系，该体系包含主营业务收入、有无违约记录等指标。

除此以外，还有美国花旗银行的企业信用风险评级体系[9]；美国三大信用管理局 Equifax，Experian 和 Trans Union 的 FICO 信用风险评级体系[10]；中国评级机构大公国际的中小企业信用风险评价指标体系[11]；中国邮政储蓄银行的商户信用风险评价指标体系[12]。

（2）经典文献中的信用风险评价指标体系

Francesco（2014）等在巴塞尔协议的规则下，建立了针对中小企业的信用风险评价指标体系[13]。Elisabeth（2010）等基于企业偿付能力这一基本要求，建立了反映企业偿债能力的信用风险评价指标体系[14]。高丽君（2012）基于贝叶斯模型平均生存模型建立了中小企业信用风险评价指标体系，对中小企业的信用风险进行了有效评估[15]。Dierkes 等（2013）建立了包括企业从业年限、企业前景、年产品销售量等指标的企业信用风险评价指标[16]。楼霏月（2013）从 5 个方面建立了针对科技型中小企业的信用风险评价指标体系，并对影响科技型中小企业信用风险的关键因素进行了分析[17]。Shi 等（2014）指出年龄、支出收入比、恩格尔系数等指标对小额贷款信用评价有显著影响[18]。李菁苗等（2012）通过层次分析法建立了适合中小企业的信用风险评价指标体系，该体系不仅适用于电子商务环境，而且符合现在的大数据时代背景[19]。Chi（2017）等建立了包括超速动比率、居民消费价格指数等 14 个指标在内的小企业信用风险评价指标体系。[20]。Hongli 等（2010）通过灰色层次评价模型建立了包括现金流量、净资产周转率、创新投入等 29 个指标在内的中小企业信用风险评价指标体系[21]。Wang 等（2016）通过逻辑回归、随机森林等方法对文本信息进行分析，建立了包括欺骗、主观性、情感、可读性、个性和思维方式 6 个层面的信用风险评价指标体系[22]。张奇等（2015）从客户外部环境、客户经营水平和客户交易行为 3 个层面通过逻辑回归和支持向量机模型建立了整个银行系统的信用风险评价指标体系，对银行业的风险进行预警[23]。迟国泰等（2016）建立了包括速动比率、总资产增长率、行业景气指数等 23 个指标在内的小企业信用风险评价指标体系[24]。

2.1.2　信用风险评价指标筛选的相关文献

Mileris（2012）通过因子分析与 Probit 模型进行指标筛选，确定了包括工业生产指数等影响信用风险的关键指标[25]。Terry（2013）通过支持向量机的方法遴选出信用风险评价指标，构建了巴巴多斯信贷联盟的信用风险评价模型[26]。Chi 等（2012）通过遗传算法遴选指标，构建了信用风险评价指标得分模型[27]。Shi 等（2013）通过相关分析和二元 Probit 回归模型对影响商户信用风险的指标进行了筛选，建立了一套针对商户的信用风险评价指标体系[28]。Shi 等（2016）通过皮尔森相关分析和模糊粗糙集的方法对指标进行了遴选，并针对 106 个小民营企业的贷款数据进行了实证研究[29]。Hens 等（2012）通过支持向量机与分层抽样相结合的方法，对指标进行了筛选，并保留对违约状态鉴别准确率最大的前 k 个指标[30]。Oreski 等（2014）通过遗传算法，对信用风险评价指标进行了筛选，剔除了对违约状态影响小的指标[31]。Liang 等（2015）基于遗传算法和粒子群算法筛选出对企业财务困境有显著影响的信用风险评价指标[32]。Geng 等（2015）以中国上市公司的数据为样本，通过单因素方差分析方法，对影响企业财务风险的指标进行了筛选[33]。Liao 等（2009）将调查机构与信息不对称问题嵌入 CDG 模型，以美国银行 2001—2005 年的数据为实证样本，构建了包括"信息不对称程度""债务权益代理""管理股权代理"等指标的信用风险评估的结构模型[34]。Jones 等（2015）针对 1983—2013 年国际信用风险评级的相关数据，以 Logit 模型、LDA 等传统统计方法，以及神经网络模型、支持向量机模型等机器学习方法构建了包括金融、市场、公司治理、宏观经济等方面的信用风险评价指标体系[35]。Mandala（2012）通过 C5.0 决策树模型，以 Perkreditan 等农村银行的 101 998 个数据为实证样本，对中小企业信用风险评价指标进行筛选，并进一步确定该方法对银行的不良贷款率低于 5%，远小于其他方法确定的银行不良贷款率 11.99%[36]。

迟国泰等（2015）通过偏相关分析和判别分析的方法对指标进行了筛选，并最终建立了一套包括 16 个指标在内的针对农户小额贷款的信用风险评价指标体系[37]。熊伟等（2013）通过隶属度分析、鉴别度分析、相关分析和因子分析等实证研究，逐步对指标集进行筛选和精炼，最终确定 11 项信用风险评价指标[38]。吴青（2017）运用模糊层次分析法构建了大数据背景下跨境电子商务信用风险评价指标体系[39]。周针竹等（2017）基于三维信用理论框架和主成分分析法，筛选反映小微企业信用水平的信用风险评价指标体系[40]。李战江（2017）利用基于 Brown-Mood 中位数检验和 Moses 方差检验的组合模型双重筛选显著区别违约状态的微型企业信用风险评价指标，建立了包括 22 个指标在内的微型企业信用风险评价指标体系[41]。方匡南等（2014）通过 Lasso-logistic 模型对影响个人信用风险的指标进行遴选，并建立了相应的预警模型[42]。马晓君（2015）以中航国际钢铁贸易有限公司为例，通过信息熵方法筛选出具有信用风险鉴别能力的信用风险评价指标[43]。石宝峰（2014）通过相关分析和显著性判别的方法建立了小企业信用风险评价指标体系，该指标体系包括利息保障倍数等 19 个指标[44]。程砚秋

（2011）通过偏相关分析和支持向量机方法建立了农户小额贷款信用风险评价指标体系，该体系由年龄、贷款用途等 25 个指标构成[45]。孟斌（2015）通过 R 聚类和费舍尔判别的方法建立了小型建筑业企业的信用风险评价指标体系，该体系由名牌产品的级别、法人代表信用卡记录等 23 个指标构成[46]。

2.1.3　文献述评

现有信用风险评价指标体系的构建虽然取得了长足进展，但是还存在以下三个方面的不足：

一是现有典型金融机构或经典文献的信用风险评价指标体系，要么不会全部公布指标体系中的所有指标，要么包括的指标多为在实践中广泛使用的高频指标。而事实上，并不是所有的高频指标都能显著区分客户的违约状态。

二是现有信用风险评价指标体系普遍存在指标之间相关性大，即信用风险评价指标体系冗余的不足；或者信用风险评价指标本身不能有效区分好客户和坏客户的现象。

三是现有研究在筛选指标的过程中要么不以违约鉴别能力作为指标筛选标准，要么仅以单一指标的违约鉴别能力作为指标筛选标准，没有考虑指标间的相互影响，导致虽然单个指标很好，但是构成信用风险评价指标体系后，由于指标间的影响，该指标不再有效，即无法区分好坏客户。

为了弥补上述不足，本书研究思路如下：一是通过建立单一指标与违约状态间的二元 logistic 回归模型对指标进行第一次筛选，从而保证进入信用风险评价指标体系的每一个指标都具备违约鉴别能力。二是通过相关分析进行第二次筛选，避免信用风险评价指标体系反映的信息冗余。三是通过建立违约状态与所有具备违约鉴别能力的指标间的二元 Logistic 回归模型对指标进行第三次筛选，避免了现有研究忽略指标间相互影响，直接将单个具备违约鉴别能力的指标简单相加，构成信用风险评价指标体系之后指标却不再具备违约鉴别能力的不足。

2.2 信用风险评价模型的相关研究

2.2.1 相关文献

（1）信用风险的非线性评价模型研究

Akkoc（2012）建立了基于三阶段混合自适应神经模糊推理系统的信用风险评分模型[47]。Dimitrios 等（2014）通过分类架构的支持向量机模型计算客户的信用得分[48]。Maria（2013）通过统计学习技术建立了适用于塞尔维亚公司的信用评分模型，从而提升了小额融资机构的风险管理水平[49]。Zarkic 等（2013）通过神经网络模型，以秘鲁小型金融行业的客户为样本，建立了信用风险评分模型，确定企业的信用评分[50]。Gordoni（2014）以意大利制造业行业中的 3 100 个中小企业贷款数据为实证样本，采用遗传算法建立了中小企业破产预警模型[51]。Zhong 等（2014）通过神经网络模型、支持向量机模型等四种机器学习方法，分别构建了小企业信用风险评价模型[52]。Bequé 等（2017）提出了人工神经网络极限学习机器方法（extreme learning machines），构建了消费信贷风险评分模型[53]。

胡海青等（2012）分别通过支持神经网络模型和向量机模型对企业进行信用风险评估[54]。余乐安（2012）以 18 家企业为样本，建立了最小二乘近似支持向量回归模型，并以 RBF 为核函数，对电子商务信用进行预警[55]。陈雄华等（2012）以福建省某银行制造业与非制造业的中小企业数据为正样本，通过 BP 神经网络模型对中小企业进行信用等级评估[56]。张大斌等（2015）对我国上市公司信用风险进行评价，并通过数据仿真的方法与遗传算法、决策树、神经网络等模型的评级结果进行对比，证明差分进化自动聚类模型的准确度更高[57]。裴平等（2017）通过贝叶斯网络的方法，构建了 P2P 借款人信用风险评价模型[58]。庞素林等（2003）建立了基于 BP 神经网络算法的信用风险评价模型，以中国商业银行 120 家贷款企业为实证样本，证明 BP 神经网络的分类准确率高于线性判别分析这一传统的参数统计分类方法[59]。刘云焘等（2005）将支持向量机应用于商业银行信用风险研究，并证明该方法用于商业银行信用风险评估时，比 BP 神经网络更好[60]。

（2）信用风险的线性评价模型研究

信用风险线性评价模型研究的关键在于合理确定指标的权重。在现有研究中，权重确定的方法有三种，即主观赋权、客观赋权以及组合赋权。

在主观赋权方面，Ferreira 等（2014）对按揭贷款的信用风险进行评估，以葡萄牙主要银行的数据为实证样本，通过层次分析法（AHP）确定了评估指标的权重[61]。Dou 等（2011）通过 AHP 和变量模糊集模型确定了影响信用等级的指标的权重大小，为银行有效进行信用风险管理提供了科学的决策依据[62]。Chi 等（2001）采用相似因子矩阵选择专家组的建议，以集群的原则对专家意见进行分析，而不是将专家意见简单平均化，并在此基础上对信用风险评价指标体系中的指标权重进行了合理分配[63]。

林泽阳等（2015）提出了一种基于盲数理论的多指标主观赋权方法，该方法能够充分利用多位专家信息，降低赋权中的主观误差，具有可行性和有效性[64]。李刚等（2010）提出了基于一致性排序的群组 G1 法来确定群组专家的权重，并通过 Spearman 等级相关系数检验专家排序的一致性，再按照循环修正的思路确定专家的权重，从而保证了指标最终权重反映出的群体决策思想[65]。李刚等（2012）提出了基于理想排序的群组 G2 法来确定专家权重，按照循环修正的思路确定信用风险评价指标的理想排序，再通过专家排序和理想排序的相关性确定专家权重，从而保证了专家权重反映出专家差异，以及指标最终权重反映出的群体决策思想[66]。

在客观赋权方面，Wang 等（2010）通过客观的熵权法确定了信用风险评价指标的权重，进而建立了电力上市公司信用风险的模糊评价模型[67]。Eickmeier 等（2011）通过短期脉冲响应模型，根据指标对客户违约冲击的大小进行赋权[68]。Chen 等（2014）通过对不同行业的系统性风险进行分析，并运用熵权法对行业进行赋权，从而建立了信用风险评价模型[69]。Lyra 等（2014）提出了基于门槛接受法的赋权方法，并建立了信用风险评价模型[70]。Su等（2015）基于在供应链信用风险的评价中需要考虑企业的状态及其他们对信用风险影响的差异性，通过聚类分析将企业划分为不同的层次，采用自适应权重公式确定企业的权重，建立信用风险评价模型，并对企业的信用风险进行评估[71]。Ono等（2011）以日本的中小企业数据为实证样本，运用倾向得分匹配法对指标进行赋权并建立中小企业信用评分模型[72]。Huang等（2011）以中国1998—2006年284个上市公司的面板数据为实证样本，通过两阶段最小二乘法对商业信用与银行信贷的指标进行了赋权[73]。

李刚等（2014）通过计算信用风险评价指标的基尼系数值来反映指标数据的信息含量，进而确定指标的权重，总结出了根据同一指标下客户数据的差异越大，其权重越大的赋权思路[74]。俞立平等（2010）提出了独立信息数据波动赋权法这一新的客观赋权法，并以中国科学技术信息研究所农业期刊数据为例进行了实证研究[75]。俞立平等（2011）对复相关系数方法进行了修正，提出了一种根据指标值提高难度进行赋权的新方法——指标难度赋权法，该方法能够克服评价中的"投机取巧"心理，区分度好，使得评级结果更加公平[76]。周文坤（2006）给出了模糊决策矩阵规范化公式，建立了确定各目标权重的优化模型[77]。龙云飞（2013）通过熵权法对供应链融资进行了信用风险评价[78]。吕品等（2014）利用Theil系数对主观权重和客观权重进行组合，建立了基于组合赋权方法的评价模型，并对银行类金融机构的信用状况进行了评价[79]。于兆吉等（2009）提出了一种基于拉开档次机理的模糊评价法，并将其应用于指标权重的确定[80]。

在组合赋权方面，Che等（2011）以台湾地区中小企业银行贷款数据为实证样本，通过模糊层次分析法和DEA法相结合对指标进行赋权，并建立了银行贷款评价模型[81]。Chen（2012）采用特征选取和粗糙集相结合的方法对指标进行赋权，并以亚洲的银行为实证样本，建立了信用风险评级分类模型[82]。Liu等（2015）针对在信用风险评价过程中主观权重的不确定性和模糊性，提出了基于模糊VIKOR方法和AHP方法相结合的组合赋权法[83]。Liu等（2012）使用集对分析方法对不同单一赋权方法进行组合，建立了基于组合赋权的集对分析模型，并针对气田开发方案进行了评价[84]。Galar等（2015）开发了一种基于距离最大的组合赋权模型，并将其引入机器学习技术处理多分类的问题[85]。Ren等（2010）提出了一种将层次分析法和信息熵客观赋权方法相结合的优化方法，并通过人工合成的方法确定指标权重[86]。Shi等（2012）采用德尔菲法和模糊分析相结合的方法进行定性排序，并利用熵理论计算权重的定量排序，建立了基于组合赋权和双基点法的供应商评价模型[87]。Xuan等（2011）提出权重的确定对评级结果的排序具有重要影响，并研究了在进行混合型多属性决策时组合赋权方法的重要性[88]。Liu等（2014）提出了一种基于组合赋权博弈的集对分析评价模型，并通过案例分析，证明了该模型与通过灰色关联分析的评级结果具有同样的稳定性[89]。Santos等（2015）提出了一种新的权重生成框架——神经专家加权（NEW），该框架生成基于神经网络的动态加权模型[90]。Meng（2015）以组合赋权后信用得分分类错误率最小为目标函数，提出了基于差异最大化的信用风险评价模型，并以2 044个农户为实证样本，研究结果表明基于差异最大化的信用风险评价模型具有较高的精度[91]。

张目等（2014）将可变模糊集理论引入企业信用评价，建立了基于相对熵的组合赋权模型，从而较好地兼顾了赋权的主观偏好和客观信息[92]。张雪丽等（2010）用客观赋权的离差最大化法和主观赋权的组合确定指标的最优权重，并建立了基于组合赋权方法的银行信用风险评价模型[93]。陈晓红等（2015）分别通过群决策的AHP法和因子分析法，确定指标的主观权重和客观权重，进而通过组合权重建立了基于改进模糊综合评价法的信用风险评价模型，并以53家信息技术服务企业为样本进行了实证研究[94]。迟国泰等（2014）通过评级结果差异最大化的原则，将G1主观赋权法和均方差客观赋权法进行组合，从而确定基于最优组合权重的银行信用风险评价模型[95]。李步军等（2016）建立了基于灰色区间关联分析的个人信用风险评价模型，并利用主、客观权重组合后的优化权重进行信用评估[96]。金佳佳等（2012）提出了一种从关联角度出发将主观先验信息与客观信息纳入约束条件，构建了兼顾主客观因素的指标综合权重模型[97]。程砚秋（2015）以违约样本判别误差最小为标准求解主客观权重的权重系数，建立小企业信用风险评价模型[98]。程启月（2010）通过熵理论给出了一种定性分析与定量分析相结合的权重系数结构分析法，将德尔菲主观赋权法与模糊分析客观赋权法相结合，确定了信用风险评价指标的组合权重[99]。熊金石（2013）通过引入平均认识度和认识盲度的概念，弥补了专家在排序认识上的不足，进而确定了指标权重[100]。石宝峰等（2016）利用变异系数对主观G1权重、客观余弦夹角权重进行组合加权，建立了基于变异系数加权的组合赋权模型[101]。宁宝权等（2016）通过对熵权法和方差修正G1法对指标进行组合赋权，建立了村镇商铺供应商评价模型[102]。

2.2.2　文献述评

在信用风险评价模型构建方面，现有研究虽然取得了长足的进展，但是在以下三个方面仍然需要进一步完善：

一是现有赋权方法大多数以一个指标下的客户数值的差异程度为标准对指标进行赋权，而没有考虑在信用风险评价过程中指标的违约鉴别能力对权重的影响。

二是现有研究往往主观随机选择赋权方法，没有对不同赋权方法进行对比来确定一种适用于信用风险评级的赋权方法。

三是现有研究中的大量赋权方法都采用组合赋权的方式，而组合赋权并不是一种好的赋权方式，因为在对主客观赋权方法进行组合时，往往会将不好的赋权方法与好的赋权方法进行组合，从而导致组合后的结果并不最优。

针对上述问题，本书根据客户信用评分与正、负理想点的距离构建反映评级结果违约鉴别能力的贴近度C，若违约客户的信用评分越接近最差值0，非违约客户的信用评分越接近最优值1，则贴近度C越大。相应的赋权方法越能在最大程度上区分违约客户与非违约客户，进而在不同的赋权方法中遴选出贴近度最大、违约鉴别能力最强的一种，避免现有研究随机主观选择赋权方法，而没有与评价目的相联系的不足。

2.3　信用等级划分方法的相关研究

2.3.1　相关文献

Cantor等（1996）提出包括穆迪、标准普尔和惠誉在内的流行评级机构，其一个明显的缺点是信息不公开，仅给出评级结果，并不给出确定等级的方式[103]。巴塞尔协议鼓励金融机构根据其获得的数据建立内部评价模型[104]。Gestel等（2006）指出内部评级法的标准主要是拟合违约概率（PD），进而确定风险权重，进行等级划分[105]。

（1）基于违约概率的信用等级划分研究

基于违约概率的信用等级划分是指根据贷款客户过去的违约信息，计算客户未来违约的可能性，并通过确定客户的违约概率临界点来划分信用等级。

JP摩根建立了Credit Metrics信用计量模型，并根据不同债务人的违约概率不同，将贷款客户划分为AAA，AA，A，BBB，BB，B，CCC，D共8个信用等级[106]。波士顿银行建立了Credit Risk+的违约概率测量模型，将企业划分为Aaa，Aa，A，Baa，Ba，B共6个等级。其中，违约概率为0的企业划分为Aaa级；违约概率为0.03%的企业划分为Aa级；违约概率为0.10%的企业划分为A级；违约概率为0.12%的企业划分为Baa级；违约概率为1.36%的企业划分为Ba级；违约概率为7.27%的企业划分为B级[107]。Florez（2007）利用logit等计量方法预测贷款客户的违约概率，并将贷款客户划分为AA、A、BBB、BB、B共5个信用等级[108]。Lyra（2010）采用K均值聚类的方法，根据客户的违约概率进行信用等级的划分，分别划分为7，10和15个信用等级[109]。Thiemo（2008）以所有信用等级内每个客户的违约概率与均值违约概率的距离最小值为目标函数，通过差分进化算法求解，并采用2001—2007年17个欧洲国家共计150 000个样本进行了实证研究[110]。Zhang等（2018）通过建立非线性规划模型，在考虑不同信用等级客户人数服从钟形分布的基础上，按照违约概率和违约损失率对客户进行了信用等级划分[111]。

Polito 等（2014）基于概率映射方法提出了一种新的主权信用风险评级方法[112]。Doumpos 等（2015）通过结构模型采用财务数据对信用等级进行了预测[113]。Angilella 等（2014）基于创新企业的软信息采用多种标准对企业的风险等级进行了划分[114]。Hoti 等（2004）通过线性模型、Logit 模型、Tobit 模型、人工神经网络模型等多种模型对国家的违约概率进行了预测，并通过智利、墨西哥等 12 个国家的实证数据进行了等级划分的对比[115]。

（2）基于违约损失率的信用等级划分研究

基于违约损失率的信用等级划分是指根据信用等级与违约损失率呈反向关系的标准划分客户的信用等级。迟国泰等（2015）根据不同信用等级人数服从钟形分布的特点，将贷款客户初步划分成 9 个信用等级，并根据违约金字塔标准对上述结果进行调整[116]。迟国泰等（2015）通过非线性规划模型，将贷款客户划分为 9 个信用等级，使其满足金字塔标准[117]。上述两项迟国泰科研创新团队的研究均获得中华人民共和国知识产权局的发明专利。

（3）基于信用等级预测的研究

Altman 等（1976）通过统计的方法使用财务和会计数据对债券的信用等级进行了预测[118]。Hines 等（1975）以美国经济研究局的债券数据为实证样本，通过 Horrigan，West，P-S，P-M 共 4 种统计类模型对债券的等级进行了预测[119]。Kim 等（2005）以 2001 年的不包括公共事业、交通运输业和金融业（这三类行业金融结构差异大）的 1 080 个企业的财务指标和非财务指标数据为实证样本，并通过人工神经网络模型，对企业的信用等级进行了预测[120]。Lee 等（2007）通过支持向量机模型对企业信用等级进行了预测，并与多元判别分析模型、BP 神经网络模型以及基于案例的推理结果进行了对比，证明支持向量机模型的预测效果最优[121]。Hwang 等（2010）通过有序 Probit 模型对发行人的信用等级进行了预测[122]。Doumpos 等（2015）将会计数据与结构违约预测模型相结合，以 2002—2012 年欧洲上市公司数据为正样本，对企业的信用等级进行了预测[123]。

盛夏等（2016）以 2003—2015 年中国上市公司数据为样本，利用线性分类器、Adoboost、随机森林等 5 类模型对其信用等级进行预测,结果显示随机森林模型的预测能力最强[124]。张云起等(2005)对企业的经济实力、资金结构等定量指标进行模型转换,对经营者素质、发展前景等定性指标进行人为评判,并通过模糊聚类分析模型将企业划分为不同的资信等级[125]。沈璟(2009)在 Z-Score 模型的基础上,对 143 个中小型上市公司进行聚类分析,确定信用等级分类,并采用判别分析模型对企业的信用等级进行判定[126]。

(4)其他信用等级划分方法

Min 等(2008)根据企业的信用评分,将企业划分为 A,B,C,D,E 共 5 个等级。其中,评分区间为 [80,100] 的企业划分为 A 级;评分区间为 [60,80) 的企业划分为 B 级;评分区间为 [40,60) 的企业划分为 C 级;评分区间为 [20,40) 的企业划分为 D 级;评分区间为 [0,20) 的企业划分为 E 级[127]。Chen(2012)利用模糊粗糙集等 6 种方法求解客户的信用评分,并根据信用评分将客户划分为 5 个信用等级[128]。Moon 等(2011)根据客户的信用评分划分信用等级[129]。Zhi 等(2011)根据不同等级客户人数服从正态分布的特征,将贷款客户划分为 9 个信用等级[130]。羊斌(2013)将工商类企业按照 K 均值动态聚类的方法划分为 3 个等级,分别为信用状况良好、中等信用风险和高信用风险[131]。张洪祥等(2011)运用多维时间序列的灰色模糊方法,将客户划分为 8 个信用等级[132]。

2.3.2　文献述评

在信用等级划分模型构建方面现有研究存在以下两方面的不足:

一是现有研究根据客户人数分布及客户违约概率等条件进行信用等级划分的方法,其划分结果往往存在信用等级越低、违约损失率反而越高的不合理现象。事实上,根据违约概率和违约损失率进行信用等级划分在实质上是不一样的。违约概率反映的客户在未来一段时间内不能如期或如额偿还债务的可能性,不能测算某一笔债务的实际损失;而违约损失率是根据已经发放的贷款的实际偿还情况反映因客户违约给银行造成的实际损失。因此,通过违约概率划分信用等级,会导致划分结果存在信用等级很高、违约损失率反而不低的不合理现象。

二是迟国泰科研创新团队的两项关于信用等级划分的发明专利，根据违约金字塔标准进行信用等级划分，满足信用风险评级的本质特征，但是由于研究角度不一样，这两项专利的划分方法没有遵循信用相似程度越大、越应划分为同一信用等级的准则，会导致信用评分相同的客户被划分为不同信用等级的逻辑混乱，从而不能保证最终划分的信用评分区间长度具有稳定性。

针对上述问题，本书通过建立以每一信用等级内客户信用得分的组内离差最小为目标函数，以违约损失率严格递增为约束条件的非线性规划模型来划分信用等级，使信用等级划分结果在满足信用等级与违约损失率呈反向关系的同时，确保信用状况相似的客户划分为同一个等级，从而避免了信用状况相近的客户被划分为不同信用等级的逻辑混乱现象；改变了现有研究不易保证信用状况相似的客户划分为同一等级的弊端。

2.4 信用风险管理中关键指标挖掘的相关研究

2.4.1 相关文献

一个信用风险评价指标体系由不同指标构成，每一个指标有具有不同的特征，例如不同的年龄段就是年龄这一特定指标的不同特征。如何在庞杂的信用风险评价指标体系中确定哪一个或哪几个信用风险评价指标是影响客户贷款违约损失的关键指标？在1个关键指标的不同特征中，如何确定具有哪些特征的人群或贷款小企业的违约损失最大？这不仅涉及贷款客户违约特征的萃取，而且能揭示客户的不同特征与违约损失间的联系，比信用风险评级研究更为关键、复杂，这也是信用风险评级研究没有在这方面继续深入的原因。

现有的相关研究主要分为两类：

（1）基于违约状态的关键指标的萃取研究

Boateng 等（2013）通过逻辑回归模型分析了影响小型企业信贷的

关键因素[133]。Chen 等（2015）通过逻辑回归与三阶段最小二乘法相结合，得出企业忠诚员工数目、长期客户数目等企业软信息对违约概率有重要影响的结论[134]。Chi（2012）等利用方差分解法，得出农业支出、联保关系、恩格尔系数等指标对中国信贷员审批农户贷款具有显著影响的结论[135]。Li（2011）等利用逻辑回归研究，分析了家庭收入、受教育程度等 12 个因素是影响中国农村家庭小额贷款可行性的主要因素[136]。Hai（2013）利用相关分析和显著判别的方法建立了一套包括贷款用途、地区 GDP 增长率等 13 个指标在内的农户贷款信用风险评价指标体系[137]。Brehanu（2008）等应用二元 Tobit 模型研究了影响埃塞俄比亚农户贷款偿还率的决定因素[138]。Mustafa（2017）等应用 Cox 生存分析和 Logistic 回归模型检测出家庭收入、家庭收入波动、家庭所有者的年龄、教育水平和性别等因素是导致在 2008 年全球金融危机中土耳其家庭的消费信贷风险的主要特征[139]。Hartarska（2007）等以 1998—2002 年世界银行在全球发放小额贷款的数据为样本，萃取出贷款人的能力、贷款有无担保等是影响小额贷款风险的主要因素[140]。Psillaki 等（2010）甄别出税前净利润、员工人数等因素会对贷款企业的违约状态产生重要影响[141]。Liao 等（2009）研究发现企业经理层股权代理、债务股权代理、信息不对称性等因素都会对银行信用风险评估造成影响[142]。Mileris 等（2011）通过 Logisitc 回归模型甄别出企业的盈利能力、流动性等是影响其是否违约的重要因素[143]。徐晓萍等（2011）利用决策树模型发现决定企业是否违约的最关键因素是"现金流量÷总债务"[144]。赵志冲等（2017）通过似然比检验确定资产负债率、近三年企业授信情况等信用风险评价指标是影响显著违约状态的关键指标[145]。

需要指出的是，1.2.1 节信用风险评价指标体系中的指标，以及 1.2.2 节从现有文献遴选出的指标都是对违约状态有影响的关键指标。

（2）其他关键指标的萃取研究

James（2007）通过问卷调查的方法确定贷款人的年龄、性别、家庭净收入等是影响小额贷款的主要因素[146]。田代臣（2009）等通过随机抽样调查，确定农民收入水平、抵押、质押、担保是影响农户贷款的主要因素[147]。Jha（2007）等以印度小额贷款为案例，分析了贷款人的受教育程度是影响其信用的关键因素[148]。Rubana（2008）以孟加拉国小额贷款数据为实证样本，确定了贷款额度、抵押质押担保的种类和价值等因素都会对小额贷款的风险产生影响[149]。Okorie（1986）提出尼日利亚农民违约的部分原因是农户文化水平过低[150]。Jones 等（2015）通过建立 Logit 和 Probit 回归模型，确定了财务、市场、政府控制、宏观经济等是影响信用等级的关键因素[151]。王霞等（2013）通过多分类有序 Logit 模型对影响农户信用等级的因素进行了实证分析，结果表明耕地面积、家庭年总收入、贷款利率等因素对农户的信用等级具有显著影响[152]。Finlay（2011）基于静态平行、多阶段、动态的多分类器融合模型研究影响英国个人信贷风险的关键指标，从而提高了评估的准确性[153]。Chen 等（2010）通过基于统计方法的支持向量机混合模型提取影响澳大利亚和德国信用评分的关键指标[154]。Twala（2010）基于多分类器融合模型提取影响信用评估的关键指标，从而提升了信用评估预测精度[155]。熊志斌（2016）基于相关性特征选择法和支持向量机模型筛选影响澳大利亚个人信用的关键特征[156]。王磊等（2014）提出信用卡负债和现职业从业年限是影响小企业信用的关键指标[157]。

2.4.2　文献述评

现有研究根据判别标准模糊的违约状态确定关键指标，这种标准是不合理的。一方面 0，1 虚拟变量的违约状态描述，边界模糊。因为 1 元钱的本息未偿还是违约，几千万元的本息未偿还也是违约，但两者对债权人的伤害程度远不一样。另一方面债权人面临的风险损失是一类客户群的平均违约损失率，并不是概念含糊的客户违约状态。

更进一步，现有研究并不研究一个指标的不同特征对违约损失的影响这类深层次的问题，但这类问题是信用风险控制的关键所在，例如，对于"年龄"这个指标，究竟哪一个年龄段（哪一个特征）的客户贷款会给银行带来的损失更大。

本书研究思路：一是以 9 个等级，即 9 个违约损失率为因变量，以小企业信用风险评价指标体系中的所有指标为自变量，建立次序

Logit回归模型，并萃取对违约损失率有显著影响的关键指标。二是在一个指标对应多个特征的情况下，例如将企业法人代表的年龄这一指标划分为不同的年龄段，即不同的特征，通过以不同特征内部客户违约损失率的组内方差为标准构建判断尺度LSD，检验不同特征违约损失率是否有显著差异，若一个特征的违约损失率全都显著大于其他特征的违约损失率，则该特征对应的违约损失率最大，是违约风险最大的关键特征。

3 信用风险评级研究的基本理论

信用风险评级本质是对一笔贷款进行评级，这种评级不仅能确定客户信用资质的排序，而且能确定不同等级客户贷款违约损失率的大小。本章内容主要从信用风险评级标准、信用风险评价模型的构建、信用等级的划分等信用风险评级的一般步骤出发，介绍信用风险评级研究的基本理论。

3.1 基本概念

3.1.1 违约状态的定义

参考《巴塞尔协议Ⅲ》对违约的认定，本书将逾期90天以上（包含第90天）未按照合同偿还贷款的客户界定为违约客户，其含义是客户在贷款逾期第90天时还未结清银行的账款，包括本金和利息，即发生违约行为。违约客户的特点：一是合同到期并且逾期；二是逾期而且逾期天数超过90天（包含第90天）。

相对于违约客户，非违约客户是指提前还款、按期还款和逾期90天内还款的客户，其含义是客户在贷款逾期90天内全部结清银行的账款，包括本金和利息，即没有发生违约行为。

违约状态是指根据贷款客户是否违约确定的两种状态，即违约和非违约。其中，违约用"1"表示，非违约用"0"表示。

3.1.2 违约鉴别能力的定义

违约鉴别能力又称违约状态判别能力，具有以下两层含义：

一是指评价指标对违约客户与非违约客户的区分能力；二是指客户的综合评价得分对违约客户与非违约客户的区分能力。

评价指标具备违约鉴别能力是指该指标对客户的违约状态具有显著区分的能力，即该指标能够有效区分违约客户与非违约客户。评价指标具有显著的违约鉴别能力是进入信用风险评价指标体系的首要标准。如果一个指标没有违约鉴别能力，那么该指标进入信用风险评价指标体系后只会增加体系的信息冗余。

综合评级结果具备违约鉴别能力是指贷款客户的评价得分对客户的违约状态具有显著区分的能力，即评价得分能够有效区分违约客户与非违约客户，并且保证违约的坏客户评价得分低，非违约的好客户评价得分高。评级结果违约鉴别能力的大小决定了选择哪种评价模型更适合进行信用风险评价。

3.1.3 违约损失率的定义

违约损失，又称应收未收本息，是指贷款客户没有按期还本付息，并在逾期90天后依然没有结清账款，从而给银行带来损失的额度。这些损失包括贷款本金、在贷款期限内这些本金对应的贷款利息，以及逾期未偿还贷款使银行损失的机会成本。这种机会成本主要是指在逾期后，贷款本金对应的贷款利息。

应收本息是指贷款客户应该向银行缴纳的账款（包括本金和利息），即贷款逾期第90天时客户应该向银行缴纳的所有本金与利息之和。

违约损失率=应收未收本息÷应收本息，是指"贷款客户拖欠银行的账款"占"贷款客户应该向银行缴纳的账款"的比值，真实地反映了贷款损失情况。

某一信用等级的违约损失率的计算方式与单一客户的违约损失率计算方式一致，即等于这一信用等级内所有贷款客户的应收未收本息之和与应收本息之和的比值。

根据巴塞尔协议，预期损失（EL）=违约概率（PD）×违约损失率（LGD）×风险暴露（EAD），对该式进行整理，可以确定：

预期损失（EL）÷风险暴露（EAD）=违约概率（PD）×违约损失率（LGD）

其中，风险暴露（EAD）是以借款人欠银行的金额来计量的。对一笔贷款而言，风险暴露是指贷款客户应该向银行缴纳的账款（包括本金和利息），即贷款逾期第90天时客户应该向银行缴纳的所有本金与利息之和。

预期损失（EL）是指商业银行预期在特定时期内资产可能遭受的平均损失。

一方面，本书中的违约损失率反映的是一笔贷款已经发生的违约给银行造成的实际损失，跟巴塞尔协议中的预期损失是两个概念。

另一方面，本书中的违约损失率与巴塞尔协议中的违约损失率是一致的，即在公式预期损失（EL）÷风险暴露（EAD）=违约概率（PD）×违约损失率（LGD）中，本书采用的是：如果客户违约，那么违约概率PD=1；如果客户不违约，那么违约概率PD=0。同时，由于本书中的客户违约状态是确定的，因此并不是预期损失，而是实际损失。

从上述两个方面，可以说明本书以违约损失率为标准进行研究的合理性。

本书是基于违约损失率的小企业信用风险评级研究，其研究目的主要有两个方面：一是挖掘不同信用等级贷款客户的违约损失率，为贷款定价打下基础，并通过建立小企业信用风险评价指标体系，确定相关指标权重，构建信用风险评价模型，划分信用等级四个方面，挖掘出不同信用等级贷款客户的违约损失率。二是挖掘出具有哪些特征的贷款客户的违约损失率最大，这一点是信用风险管理的关键，例如，对于企业法人代表年龄这一指标，关键是要挖掘出具有哪一个年龄段特征的贷款客户的违约损失率最大。

3.2 信用风险评价指标体系构建的理论基础

3.2.1 信用风险评价指标体系建立问题的描述

信用风险评级体系是指评级主体在对被评对象的资信状况进行客观公正的评价时，所采用的评价指标、评级方法、评级权重、评级标准以及信用等级划分的总称。信用风险评价指标体系是建立信用风险评级体系的首要要求，若没有一套合理的信用风险评价指标体系作为评级的基础，信用风险评级工作就无所适从，更谈不上评级结果的客观性、公正性。

目前，企业发行债券、银行发放贷款，已经形成一种必须进行评级的制度，但是各家评级机构均进行自主评级，一直没有一套统一、规范的信用风险评价指标体系。

建立信用风险评价指标体系需要满足以下两个标准：

第一标准：信用风险评价指标要具备违约鉴别能力，即遴选出来进入信用风险评价指标体系的指标必须能够将违约客户与非违约客户进行显著区分。一个指标无论看起来有多么完美，在实际操作中的使用频率有多么高，如果该指标不能够将违约客户与非违约客户进行显著区分，那么该指标对于信用风险评级工作而言是无用的，而且若将该指标纳入指标体系，还会使得信用风险评价指标体系的内容繁杂，从而不利于实际操作。因此，指标具备违约鉴别能力是构建信用风险评价指标体系的首要标准。

一个信用风险评价指标体系是由众多指标构成的，由于各指标间的相互影响，会导致以下两种现象：一是单个指标不具备违约鉴别能力，但是进入信用风险评价指标体系后具备违约鉴别能力；二是单个指标具备违约鉴别能力，但是进入信用风险评价指标体系后不具备违约鉴别能力。因此，构建信用风险评价指标体系不仅要保证该体系的单个指标具备违约鉴别能力，而且要保证进入该体系后的每一个指标仍具备违约鉴别能力。

第二标准：要保证遴选出的指标尽可能精炼，避免信用风险评价指标体系冗余。信用风险评价指标体系中的指标过多，会导致该体系反映的信息重复，从而造成信用风险评价指标体系冗余；同时过多的指标不利于实际操作。

3.2.2 信用风险评价指标海选原则

建立科学合理的小企业信用风险评价指标体系的前提是要理性分析哪些因素将会对小企业的信用风险产生影响，进而初步确定一套小企业信用风险海选指标体系。为了实现上述目的，本书总结出以下5点小企业信用风险评价指标海选的原则：

原则1：小企业信用风险评价指标体系需包括现金流量等财务指标。

小企业具有规模小、经济实力不强，抗风险能力差的特点。现金流量衡量小企业的经营状况、现金偿还能力、资产变现能力，因此，现金流量指标反映了小企业的生存发展能力。如果小企业的现金周转能力不强，那么会影响企业自身正常的生产经营活动。因此，在构建小企业信用风险海选指标体系时，需要考虑现金流量等财务指标。

原则2：小企业信用风险评价指标体系需包括企业法人代表基本情况这一类指标。

小企业由于规模小、经营管理单一，企业法人代表的基本情况对小企业未来发展的影响不可忽视。因此，在构建小企业信用风险海选指标体系时，需要考虑企业法人代表的基本情况这一类指标。

原则3：小企业信用风险评价指标体系需包括非财务类指标。

小企业由于其创立年限不长，以及很多财务信息不健全，因此不能仅仅依靠财务指标对其进行信用评价，非财务指标也不可缺少。

原则4：小企业信用风险评价指标体系不可缺少宏观经济因素。

小企业由于其规模小、市场占有率不高，对市场风险的抵御能力较弱,当宏观经济条件发生较大变化时,小企业更容易受其影响,因此,在对小企业进行信用风险评级时,宏观经济条件指标不可忽视。

原则5:小企业信用风险评价指标体系需包括抵押、质押、担保等因素。

小企业贷款获得审批的一个重要保证是具有抵押、质押、担保方式。对贷款小企业而言,担保物能够提升小企业获得银行贷款的概率;对银行而言,一旦小企业违约,可以通过变现担保物的方式来挽回损失。因此,有无担保物是小企业能否获取银行贷款的关键因素。

根据以上5个原则,本书通过梳理标准普尔、穆迪等国际评级机构,中国建设银行、大公国际等国内金融机构,以及现有流行文献中的评价指标,进行小企业信用风险评价指标海选。

3.2.3 信用风险评价指标遴选原理

在众多的评价指标中,哪些指标对信用风险评价的结果具有重要影响,需要纳入信用风险评价指标体系;哪些指标仅仅增加了信用风险评价指标体系的冗余,对信用风险评级没有作用,不能纳入信用风险评价指标体系?

信用风险评价指标的遴选正是要建立一套简洁的、便于实际操作的,并且对信用风险评级效果产生显著影响的信用风险评价指标体系。因此,信用风险评价指标遴选必须满足以下两个标准:

(1)剔除反映信息重复的指标

反映信息重复是指两个指标在含义、数据上都是相似的,因此没有必要同时纳入信用风险评价指标体系。在反映信息重复的两个或多个指标中,保留其中一个对违约状态区分最显著的指标,并剔除其余指标,从而保证构建的信用风险评价指标体系尽可能精炼,以便于实际操作。

(2)保留具备违约鉴别能力的指标

信用风险评价指标要具备违约鉴别能力,即遴选出来进入信用风险评价指标体系的指标必须能够将违约客户与非违约客户进行区分显著。一个指标无论看起来有多么完美,在实际操作中的使用频率有多么高,如果该指标不能够将违约客户与非违约客户进行显著区分，那么该指标对于信用风险评级工作而言是无用的，而且若将该指标纳入指标体系，还会使得信用风险评价指标体系的内容繁杂，从而不利于进行实际操作。因此，指标具备违约鉴别能力是构建信用风险评价指标体系的首要标准。

一个信用风险评价指标体系是由众多指标构成的，由于各指标间的相互影响，单个指标具备违约鉴别能力，不表示其进入信用风险评价指标体系后仍有违约鉴别能力。因此，信用风险评价指标体系的建立不仅要保证该体系中的单个指标具备违约鉴别能力，而且要考虑各指标间的相互影响，从而保证构建的信用风险评价指标体系及体系中的每一个指标都具备违约鉴别能力。

3.3　信用风险评价指标权重确定的理论基础

3.3.1　信用风险评价指标权重确定问题的描述

在信用风险评级过程中，指标权重的大小决定了评级结果，在指标取值一定的情况下，权重越大，其得分越高；权重越小，其得分越低。权重越大的指标作用越大，对信用风险评级结果的影响就越大，因此权重的设置必须合理。

从信用风险评级的目的和结果而言，一个合理的信用风险评价指标体系必须能够将违约客户与非违约客户进行有效区分，而指标权重的确定是否合理将直接影响信用风险评级结果的准确性和可靠性。如果权重设置不合理，将重要指标赋予较小权重、不重要的指标赋予较大权重，那么必然不会得到一个合理的信用风险评级结果，还会导致将信用差的企业评级为好的企业，从而会误导银行等金融机构的决策者，使金融机构面临巨大的信用风险。

在众多的赋权方法中，如何确定一种对违约客户与非违约客户能够进行有效区分的赋权方法，使得信用风险评级结果即信用评分能在最大程度上区分违约客户与非违约客户，从而满足违约客户的信用评分低，非违约客户的信用评分高的这一基本要求，是本书需要解决的科学问题。

现有的赋权方法主要有主观赋权方法、客观赋权方法，以及组合赋权方法。其中，主观赋权方法是通过专家打分确定的，缺点是过于依赖专家的经验。客观赋权方法主要有熵权法、变异系数法等，这些方法主要依赖计算相关指标数据的离散程度再进行赋权，因而没有与评级目的相联系。组合赋权方法是对不同赋权方法进行线性组合，这可能将好的赋权方法与一般的赋权方法进行组合，导致组合后的权重并不是最好的。

3.3.2　信用风险评价指标权重确定的原理

（1）基于违约状态判别能力的指标赋权

如前所述，违约状态判别能力是指指标的违约鉴别能力，即指标对好客户和坏客户的区分能力。基于违约状态判别能力的指标赋权是指指标的违约状态判别能力越强，指标权重就越大。

将贷款客户分为违约组和非违约组，根据各自组内客户的数据差异越小、组间客户数据的差异越大，指标的χ^2统计量值就越大的思路对指标进行赋权。指标的χ^2统计量值越大，说明该指标对违约客户与非违约客户的区分能力越强，相应的指标权重就越大，通过这种思路对指标进行赋权，弥补了现有赋权方法与没有考虑指标权重与违约状态判别能力之间关系的不足。

（2）基于违约状态判别能力的最优权重的确定

在众多的赋权方法中，哪一种赋权方法对应的评级结果最能有效区分违约客户与非违约客户，则相应的赋权方法最优。

本书根据客户信用评分与正、负理想点的距离构建贴近度值 C。若违约客户的信用评分越接近最差值 0，非违约客户的信用评分越接近最优值 1，则贴近度值 C 越大，相应的赋权方法对违约客户与非违约客户的区分能力越强。在不同的赋权方法中，遴选出贴近度值 C 最大的一种，以确保评级结果满足违约客户评分低、非违约客户评分高的目标。

3.4　信用等级划分的理论基础

3.4.1　信用等级划分问题的描述

信用风险评级的本质是根据客户的信用状况对客户进行信用等级划分，揭示不同信用等级客户的信用风险水平，进而挖掘出不同信用等级客户的违约损失率。现有信用等级划分存在以下问题：

一是现有标准普尔、穆迪等经典评级机构的信用风险评价指标体系，其评价指标及其算法都是不对外公开的。

二是银行使用的标准普尔、穆迪等机构的零散指标进行信用等级划分，往往存在信用等级越高、违约损失率反而不低的不合理现象。

三是即使标准普尔、穆迪等机构的信用风险评级体系是透明的，但多是针对美国企业的评级，对其他国家的企业未必适用。

四是标准普尔、穆迪等机构的评级对象主要是债券、国家主权、大中型企业，并不适用于财务信息不健全的小企业。

综上，我们迫切需要建立一套合理的信用风险评级方法，而不是给出一个僵化的、一成不变的信用风险评价指标体系，以适应动态变化的企业违约状况。应选择违约金字塔标准作为信用风险评级方法的标准，因为不论评级方法的表现形式如何，如果不能满足信用等级越高、违约损失率越低的信用等级划分标准，都是不合常理的。从这个角度来看，合理的信用等级划分是信用风险评级的关键。

满足违约金字塔标准和信用分数聚类准则的信用风险评价指标体系具有重要的实践意义：一是满足违约金字塔标准的信用等级划分能够使金融机构清楚地知道每一个信用等级的违约损失率，并根据违约损失率越大、贷款或金融资产定价越高的金融学常理进行定价；二是保证将信用状况相似的客户划分为相同等级，避免将信用状况相似度大的客户错误划分为不同信用等级，这种错误划分势必对投资者和社会公众发出错误的投资决策信号。

3.4.2　划分信用等级的三个准则

（1）违约损失率的提取准则

违约损失率的提取准则是指如何提取没有披露、寻找困难的违约损失率。

现有信用等级划分大都以违约概率P为标准，而通过违约概率对信用等级划分的准确性还有待考量，例如，企业A借款100亿元并且违约未偿还，企业B借款1亿元全额偿还，如果按照违约概率PD=1÷（1+1）=0.5，并不能准确衡量损失。违约损失率能够解决该问题。假设贷款利率为10%，贷款期限为1年，违约损失率LGD=［（100×（1+10%）+1×（1+10%）−1］÷［100×（1+10%）+1×（1+10%）］=99.1%，即银行的实际损失除以银行的本金及利息的和。在实际上，商业银行掌握的就是每一笔贷款的应收未收本息，以及实收本息，从而为违约损失率的准确计算提供了基础。

（2）违约金字塔准则

违约金字塔准则是指将信用风险低的客户划分为较高的信用等级，对应较低的违约损失率。反之，将信用风险高的客户划分为较低的信用等级，对应较高的违约损失率。

在信用等级划分的过程中，如果不能满足"信用等级高的客户违约损失率低，信用等级低的客户的违约损失率高"这一标准，会导致信用状况差的客户对应较低的违约损失率，即具有较低的风险，信用差的客户反而能以较低的价格获得银行贷款，从而违背了风险与收益成正比的经济学一般规律。

（3）信用分数聚类准则

信用分数聚类准则是指信用评分越相近的客户，越应该聚为一类、即在信用等级划分过程中越应划为同一等级。

在信用等级划分的过程中，如果不能满足信用分数聚类准则，必然会导致信用评分相近甚至相同的客户被错划为不同信用等级的逻辑混乱。

3.5 关键指标及关键特征挖掘的理论基础

3.5.1 关键指标及关键特征挖掘问题的描述

（1）关键指标及关键特征的定义

关键指标是指在信用风险评级过程中，该指标的变化会直接影响违约损失率大小的变化。

指标特征是指同一个指标数值的不同取值，例如"企业法人代表年龄"这一指标，根据其数值取值的不同，可分为青年、中壮年、老年等不同特征；再如"企业授信状况"这一指标，根据授信情况的不同可以划分为五个特征，分别为："无授信记录""有授信记录、无违约、无转贷""有授信记录、无违约、有转贷""有授信记录、有违约、未结清""有授信记录、有违约、已结清"。

关键特征是指客户对应的不同特征中的关键特征。在同一个指标的不同客户特征中，违约损失率最高的那个客户特征就是关键特征，例如在"企业法人代表年龄"这一指标的不同年龄段（不同特征）下，若某一年龄段客户的违约损失率显著高于其他年龄段客户的违约损失率，则该年龄段特征就是关键特征。

（2）问题的描述

一个信用风险评价指标体系包含不同的指标，每一个指标又具有不同的特征。如何在庞大的信用风险评价指标体系中确定一个或几个信用风险评价指标作为影响客户贷款违约损失的关键指标？在1个关键指标的不同特征中，如何确定具有哪些特征的人群或小企业的违约损失率最高，这不仅涉及贷款客户违约特征的萃取，而且能揭示出贷款客户的不同特征与违约损失间的关系，比现有的信用风险评级研究更为关键、复杂，这也是之前的信用风险评级研究没有在这方面继续深入的原因。

若指标的关键特征提取出错，则会给全社会和整个经济系统带来重大影响，例如2008年的全球金融危机正是由于对贷款违约特征的判断失误，从而发放过多的次级贷款导致的。

本书通过在不同指标中对关键指标进行辨识，以及在同一个指标的不同特征中对关键特征进行甄别，可以牵住信用风险管理的"牛鼻子"，从而开拓信用风险评级理论的新思路，进而从根本上改变现有研究仅立足于客户的排序却忽略信用风险管理中的关键要素及对其关键特征进行深度挖掘、探索的现状。

本书中的关键指标与信用风险评价指标体系中的指标的区别在于：关键指标是在信用风险评价指标体系中的指标的基础上，进一步挖掘出其对违约损失率是否有显著影响，如果有显著影响，那么说明该指标在分析客户贷款违约损失时起重要作用，是分析客户信用风险时需重点关注的指标；而信用风险评价指标体系中的指标是为了对客户信用好坏进行评价而设置的，因此确定该体系中的指标的出发点是指标能够有效区分违约客户和非违约客户，因此该体系中的指标对违约状态而不是违约损失率有显著影响。

综上分析可知，关键指标的遴选研究更为深入，该指标不仅能用于区分违约客户和非违约客户，而且能用于分析客户的违约损失程度。

本书进一步对关键指标进行了分析：关键指标是对违约损失有显著影响的指标，但是我们仍不知道哪类客户的违约损失最大，以及给银行带来的风险最大。例如，企业资金注册类别这一指标是关键指标，那么银行更加关心的是哪种资金注册类别的企业的风险最大，以及将会给银行带来的损失最大。关键特征的研究正解决了这一问题，即在不同特征的客户中，甄别出具有哪种特征的客户将给银行带来的损失最大，从而为银行的风险控制提供明确方向。

3.5.2　关键指标及关键特征挖掘的原理

（1）关键指标的挖掘原理

在庞大的信用风险评价指标体系中，萃取出的对违约损失率影响显著的指标，就是关键指标。

本书以9个信用等级（对应9个违约损失率数值）为因变量，以小企业信用风险评价指标体系中的所有指标为自变量，建立次序Logit回归模型，通过构造Wald统计量检验模型检验回归系数的显著性。若通过显著性检验，则该指标是对违约损失率有显著影响的关键指标，从而改变现有研究仅找到对客户违约状态有显著区分的指标，而并未深入挖掘标对违约损失率具有显著影响的指标，忽略对信用风险管理中的关键指标进行深度挖掘的弊端。

（2）关键特征的挖掘原理

在 1 个关键指标的不同特征中，甄别出具有哪些特征的人群或小企业的违约损失率最高，这不仅涉及贷款客户关键违约特征的萃取，而且能揭示出贷款客户的不同特征与违约损失间的关系。

在一个指标对应多个特征的情况下，例如将企业法人代表的年龄这一指标划分为不同的年龄段、即不同的特征，通过以不同特征内部客户违约损失率的组内方差为标准构建判断尺度 LSD，检验不同特征违约损失率是否有显著差异，若一个特征的违约损失率全都显著大于其他特征的违约损失率，则该特征对应的违约损失率最大，是违约风险最大的关键特征。

3.6 本章结论

本章的主要工作包括两个方面：一是解释了本书中涉及的基本概念，如违约状态、违约鉴别能力和违约损失率；二是介绍了信用风险评级研究中的主要环节的理论基础，如在信用风险评价指标体系构建方面遴选指标的原理，指标权重确定的原理，信用等级划分的三个主要准则，以及关键指标和关键特征挖掘的原理。

4　基于显著区分违约状态的小企业信用风险评价指标体系的构建

4.1　内容提要

　　小企业信用风险评价指标体系的构建是信用风险评级研究的基础，只有建立了一套合理的信用风险评价指标体系，才能进一步建立评价模型，从而对客户的信用风险进行评级。该章内容为第5章基于违约状态判别的信用风险评价模型的构建、第7章影响小企业贷款违约损失率的关键特征的挖掘这两部分内容提供了指标，是本书的研究基础和前提。

　　本章的主要工作是以中国某地区性商业银行的3 045个小企业贷款客户数据为实证样本，以单一指标的违约鉴别能力为标准进行第一次筛选，从而保证遴选出的指标都能显著区分客户违约状态；再通过相关分析进行第二次筛选，从而避免信用风险评价指标体系内容冗余；以进入信用风险评价体系后该指标仍具备违约鉴别能力为标准进行第三次筛选，从而避免单一指标具备违约鉴别能力，但是由于指标间的相互影响导致进入信用风险评价体系后该指标不再具备违约鉴别能力的不足。

本书最终建立了一套包括超速动比率、近三年企业授信情况、城市居民人均可支配收入等16个指标，涵盖财务因素、非财务因素等7个准则的适用于小企业的信用风险评价指标体系。

4.2 小企业信用风险评价指标体系构建原理

4.2.1 问题的提出

小企业已经成为我国经济发展不可忽视的重要因素之一。小企业占我国企业总数的99%，而我国国内生产总值的70%、发明专利的65%、新产品开发的80%都是由小企业创造的。近年来商业银行对小企业的信用风险评估并不准确，导致小企业违约现象普遍存在。例如，2016年年底，我国金融机构的不良贷款率近2%，不良贷款额高达1.96万亿元。

建立小企业信用风险评价指标体系的意义主要有二：一是通过合理构建小企业信用风险评价指标体系，为科学评估小企业的信用状况提供基础；二是通过对小企业信用风险状况进行科学评估，有利于银行合理评估小企业贷款客户的信用风险，缓解小企业贷款难的现状。

信用风险评级的本质是违约风险评级，是衡量一笔债务偿还的可能性。小企业贷款存在贷款对象分散、贷款周期短、贷款额度小等特点，因此，国内外商业银行大都没有一套完善的针对小企业的信用风险评价指标体系。

本书通过建立单一指标的二元 logistic 回归模型确定单一指标是否具备违约鉴别能力；通过建立多个指标的二元 logistic 回归模型确保进入信用风险评价指标体系后的指标仍具备违约鉴别能力，通过上述两个步骤的指标遴选，不仅保证单一指标具备违约鉴别能力，而且保证在考虑指标相互影响的条件下，进入信用风险评价指标体系后的每个指标仍具备违约鉴别能力。

以 1994—2012 年中国某区域性商业银行分布在全国 28 个城市的小

企业贷款数据作为实证样本，本书最终建立了一套由资产负债率、企业在本行的开户状况、城市居民人均可支配收入等16个指标构成的小企业信用风险评价指标体系。

4.2.2　问题的难点

在构建信用风险评价指标体系的过程中，如何保证不仅单个指标具备违约鉴别能力，而且保证进入信用风险评价指标体系后所有的指标仍具备违约鉴别能力？

另外需要指出的是，构建信用风险评价指标体系本身并不困难，但是构建一套合理的信用风险评价指标体系却值得研究，其前提是要有客户的历史违约数据、客户的基本信用数据等。对于银行而言，客户数据关乎自身的生死存亡，并不会对外公布，因此，获取银行客户数据是构建一套合理的信用风险评价指标体系的关键所在。作者所在团队在为银行完成项目的过程中积累了大量的、外界难以获取的数据，为本书的研究解决了搜寻数据的难题。

4.2.3　解决难点的思路

基于4.2.2节提出的难点问题，本书的解决思路如下：

一是构造单一指标与违约状态之间的二元Logistic回归模型，并对该指标的回归系数进行Wald统计量检验，从而剔除那些未通过检验的、不具备违约鉴别能力的单一指标，进而确保进入信用风险评价指标体系的每一个指标都具备违约鉴别能力。

二是构造违约状态与所有保留的具备违约鉴别能力的指标之间的二元Logistic回归模型，对所有指标的回归系数重新进行Wald统计量检验，在所有未通过检验的指标中，剔除上述单一指标Wald统计量值最小（违约鉴别能力最小）的一个，并重复上述二元Logistic回归模型的构建以及指标的Wald统计量检验过程，直至所有指标的回归系数都通过检验，以确保进入信用风险评价指标体系的每一个指标都具备违约鉴别能力。

基于显著区分违约状态的小企业信用风险评价指标体系的构建原理如图4-1所示。

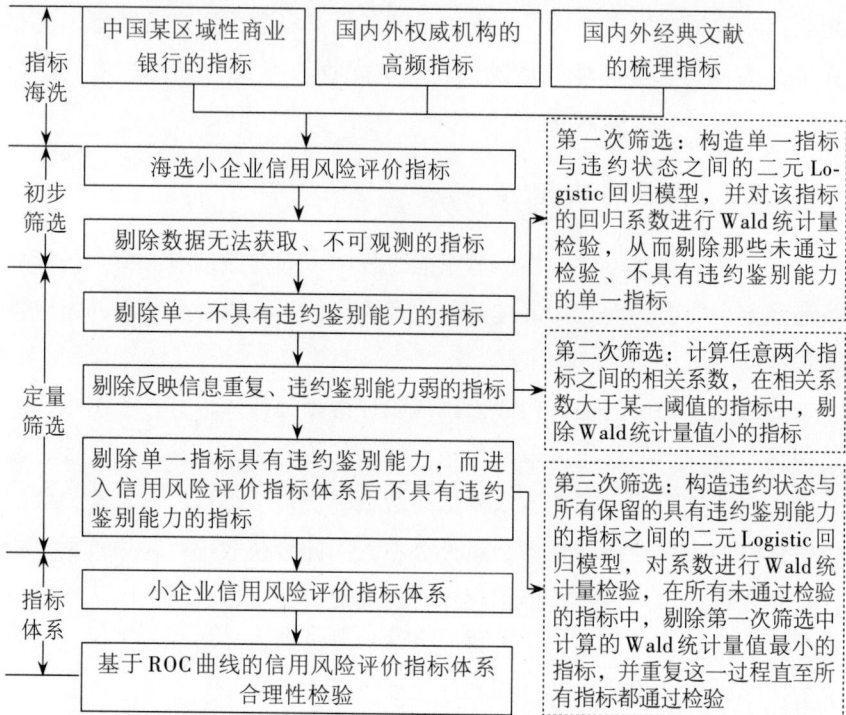

图4-1 基于显著区分违约状态的小企业信用风险评价指标体系的构建原理图

4.3 信用风险评价指标体系的构建方法

4.3.1 数据的标准化处理

数据的标准化处理是指将指标原始数据转化为标准化数据，即转化为 [0，1] 区间内的数据。数据标准化处理的好处有两点：一是消除由于指标量纲差异对实证结果造成影响，例如，恩格尔系数的数值介于30~60，而城市居民人均可支配收入的数值介于 3 000~36 000，这种单位和量级间的差异可以通过标准化处理消除；二是将不能用于直接计算的定性指标转化为能够用于直接计算的定量指标。

在原始数据的标准化处理之前需要对数据进行初步处理，初步处理主要包括两个方面：一是对异常值进行处理，包括异常大值和异常小值；二是补充空值。

异常值的处理是指对指标进行缩尾处理，即当指标值大于"均值+2倍标准差"时用"均值+2倍标准差"代替；当指标值小于"均值-2倍标准差"时用"均值-2倍标准差"代替。

空值是指不能获取的指标值。在实际操作中，用最差值补充空值。根据指标的性质不同，可以将指标划分为四类：正向指标、负向指标、区间指标和定性指标。正向指标用"均值-2倍标准差"补充空值、负向指标用"均值+2倍标准差"补充空值。

四类不同性质指标的标准化处理方式不同，具体如下：

（1）定量指标的标准化处理方法

定量指标是指可以用数值准确度量的指标，按照指标对评级结果的影响可以分为正向指标、负向指标和区间指标。

这类定量指标的差别在于：正向指标对评级结果具有正向影响，即指标数值越大，评级结果越好，例如，企业的净资产收益率等指标；反之，负向指标对评级结果具有负向影响，例如资产负债率等指标；而区间指标是指指标的数值并不是越大越好，也不是越小越好，而是数值分布在某一特定区间 $[q_1, q_2]$ 内最好的指标，例如年龄等指标。

设：i为第i个指标，j为第j个客户，v_{ij} 为原始数值，x_{ij} 为标准化值，m为客户总数，q_1 为区间的左端点，q_2 为区间的右端点；则正向指标、负向指标、区间指标的标准化公式分别为：

$$x_{ij} = \frac{v_{ij} - \min\limits_{1 \le j \le m}(v_{ij})}{\max\limits_{1 \le j \le m}(v_{ij}) - \min\limits_{1 \le j \le m}(v_{ij})} \tag{4-1}$$

$$x_{ij} = \frac{\max\limits_{1 \le j \le m}(v_{ij}) - v_{ij}}{\max\limits_{1 \le i \le m}(v_{ij}) - \min\limits_{1 \le j \le m}(v_{ij})} \tag{4-2}$$

$$x_{ij} = \begin{cases} 1 - \dfrac{q_1 - v_{ij}}{\max(q_1 - \min\limits_{1 \le j \le m}(v_{ij}), \max\limits_{1 \le i \le m}(v_{ij}) - q_2)}, & v_{ij} < q_1 \quad \text{（a）} \\[3mm] 1 - \dfrac{v_{ij} - q_2}{\max(q_1 - \min\limits_{1 \le j \le m}(v_{ij}), \max\limits_{1 \le i \le m}(v_{ij}) - q_2)}, & v_{ij} > q_2 \quad \text{（b）} \\[3mm] 1, & q_1 \le v_{ij} \le q_2 \quad \text{（c）} \end{cases} \tag{4-3}$$

需要指出，本书共涉及年龄、居民消费价格指数这两个区间指标。其中，年龄指标的左端点满足：$q_1=31$，右端点满足：$q_2=45$；居民消费价格指数指标左端点满足：$q_1=101$，右端点满足：$q_2=105$。

（2）定性指标的标准化处理方法

定性指标是指无法直接带入数学模型进行定量计算的指标，如公司法人代表信用卡记录、企业负责人的性别等。

定性指标标准化处理的思路是：将定性指标按照类别或者数值划分为不同的档次，并对每一个档次内的客户进行统一赋值的过程，这样就可以将不能直接用于计算的定性指标转化为在 [0，1] 区间内的可以用于直接计算的定量指标数据。定性指标的标准化处理见表4-1。

表4-1　　　　　　　　　定性指标的标准化处理

（1）序号	（2）指标	（3）打分标准	（4）打分
1	相关行业的从业年限	1：$t \geq 8$ 年	1.00
2		2：5年$\leq t<8$年	0.70
3		3：2年$\leq t<5$年	0.40
4		4：$0<t<2$年	0
…	…	…	…
31	学历	1：本科及以上学历	1.00
32		2：专科	0.90
33		3：高中及中专学历	0.70
34		4：初中和小学学历	0.40
35		5：其他，或数据缺失	0
…	…	…	…
58	企业到位资金注册类别	1：资金型注册资金	1.00
59		2：资金和实物型注册资金	0.80
60		3：实物型注册资金	0.60
61		4：其他	0
…	…	…	…
78	企业之间合同违约次数	1：0次	1.00
79		2：1次	0.60
80		3：2次	0.30
81		4：3次及以上	0

4.3.2 单一指标违约鉴别能力的筛选

目的：检验单一指标自身是否具备违约鉴别能力，从而保留对违约状态影响大的指标。

思路：构造单一指标与违约状态之间的二元 Logistic 回归模型，并对该指标的回归系数进行 Wald 统计量检验，从而剔除那些未通过检验的、不具备违约鉴别能力的单一指标，进而确保进入信用风险评价指标体系的每一个指标都具备违约鉴别能力。

基于单一指标二元 logisitc 回归模型进行指标筛选的步骤：

Step1：建立二元 Logistic 回归模型

设：y_j 为第 j 个小企业的违约状态（$y_j=0$，表示不违约；$y_j=1$，表示违约），z_j 为隐变量，x_{ij} 为对第 j 个小企业而言的第 i 个指标的标准化值，m 为所有贷款小企业的个数，α 为常数项，β_i 为第 i 个指标的回归系数，ε 为随机误差项；则二元 Logistic 回归模型为：

$$P_j\left(y_j=1\right)=\frac{1}{1+e^{-z_j}} \tag{4-4}$$

其中，

$$z_j=\alpha+\beta_i x_{ij}+\varepsilon \tag{4-5}$$

式（4-4）是第 i 个指标与违约状态之间的二元 Logisitic 回归模型。

通过极大似然估计法求解二元 Logistic 回归模型的系数 β_i，及回归系数 β_i 的标准误 $SE_{\beta i}$，该过程可以借助 SPSS 等软件实现。

Step2：构建 Wald 统计量

通过构建 Wald 统计量，对第 i 个指标的回归系数 β_i 的显著性进行检验。

设：W_i 为第 i 个指标的 Wald 统计量值，$\hat{\beta}_i$ 为第 i 个指标的系数估计值，$SE_{\beta i}$ 为系数 β_i 的标准误；则 Wald 统计量为：

$$W_i=\left(\hat{\beta}_i/SE_{\beta i}\right)^2 \tag{4-6}$$

式（4-6）的作用：通过构造 Wald 统计量 W_i，检验 β_i 是否显著为

0，从而确定第 i 个指标是否对因变量违约状态 y_j 具有显著影响。

Step3：检验显著性

Step2 中构建的 Wald 统计量服从自由度为 1 的渐近 χ^2 分布，通过查 χ^2 分布表，在自由度为 1 的条件下，显著性水平 $\alpha=0.05$ 的 χ^2 临界值 $\chi^2_{0.05}(1)=3.841$。因此，如果 W_i 值大于 3.841，那么认为第 i 个指标对违约状态具有显著影响。

通过以上 3 个步骤，逐一确定每一个指标是否具备违约鉴别能力，并剔除那些未通过检验的、不具备违约鉴别能力的指标。

4.3.3　反映信息重复的指标筛选

目的：确定具备违约鉴别能力的任意两个指标所反映的信息是否重复，并在信息重复的指标中剔除违约鉴别能力弱的指标，从而避免构建的信用风险评价指标体系过于繁杂。

思路：在 4.3.2 节保留的所有具备违约鉴别能力的指标中，计算任意两个指标之间的相关系数，相关系数越大，说明两个指标之间的数据越相似，反映的信息也越相似，在相关系数大于临界值 M 的两个指标中，剔除违约鉴别能力弱，即 Wald 统计量值小的指标。

基于相关分析筛选指标的步骤：

Step1：计算任意两个指标之间的相关系数

设：r_{ij} 为指标 i 和 j 的相关系数，x_{ik} 为第 i 个指标下第 k 个客户的标准化值，x_{jk} 为第 j 个指标下第 k 个客户的标准化值（i=1，2，…，m；j=1，2，…，m；k=1，2，…，n），$\bar{x}_i$ 为第 i 个指标下所有客户均值；则相关系数为：

$$r_{ij}=\frac{\sum_{k=1}^{n}(x_{ik}-\bar{x}_i)(x_{jk}-\bar{x}_j)}{\sqrt{\sum_{k=1}^{n}(x_{ik}-\bar{x}_i)^2\sum_{k=1}^{n}(x_{jk}-\bar{x}_i)^2}} \tag{4-7}$$

Step2：指标相关性筛选

设：M 为阈值，在实证中阈值设置为 M=0.8。筛选标准为：若 $r_{ij}<0.8$，则表示指标 i 和 j 之间的相关性不大，同时保留这两个指标；

若 $r_{ij} \geq 0.8$，则表示指标 i 和 j 之间高度相关，即两个指标所反映的信息重复，仅保留一个即可，剔除 Wald 统计量值小的指标。

需要指出，此处的 Wald 统计量值即 4.3.2 节 Step2 计算的 Wald 统计量值。

本节通过计算得出的具备违约鉴别能力的任意两个指标之间的相关系数，不仅可以避免构建的信用风险评价指标体系过于繁杂，而且能避免现有研究人为剔除指标，导致将违约鉴别能力强的指标被误删的不足。

4.3.4 体系中违约鉴别能力指标的筛选

目的：由于指标之间具有相互影响，将具备违约鉴别能力的单一指标简单累加构成信用风险评价指标体系后，该指标未必仍然具备违约鉴别能力，本节正是研究在考虑指标之间相互影响的条件下，确保进入信用风险评价指标体系后的指标仍具备违约鉴别能力。

思路：构造违约状态与所有保留的具备违约鉴别能力的指标之间的二元 Logistic 回归模型，对所有指标的回归系数重新进行 Wald 统计量检验，在所有未通过检验的指标中，删除违约鉴别能力最小的指标，并重复上述过程，直至所有指标的回归系数都通过检验，从而确保信用风险评价指标体系中的每一个指标都具备违约鉴别能力。

4.3.2 与 4.3.4 两次筛选指标的区别：4.3.2 中建立的二元 Logisic 回归模型仅有一个自变量指标，即单独考虑某一指标的违约鉴别能力，没有考虑指标之间的相互影响。而 4.3.4 中的二元 Logisitc 回归模型是以 4.3.3 中剩余的所有指标为自变量，由于指标之间相互影响，虽然进入信用风险评价指标体系前单一指标具备违约鉴别能力，但是进入信用风险评价指标体系后该指标不一定具备违约鉴别能力，在不具备违约鉴别能力的所有指标中，逐一剔除违约鉴别能力最小的指标，直至体系中的所有指标都具备违约鉴别能力。

基于全部指标二元 Logisitc 回归模型筛选指标的步骤：

Step1：建立二元 Logistic 回归模型

二元 Logistic 回归模型见式（4-4），区别在于 z_i 的计算公式上，此

处的 z_j 满足：

$$z_j = \alpha + \sum_{i=1}^{n} \beta_i x_{ij} + \varepsilon \tag{4-8}$$

其中，n 为经过 4.3.2～4.3.3 两步筛选后剩余的指标个数，其他字母如前所述。

通过极大似然估计法求解二元 Logistic 回归模型的系数 β_i，以及回归系数 β_i 的标准误 $SE_{\beta i}$，该过程可以借助 SPSS 等软件实现。

Step2：全部指标的显著性检验

根据式（4-6）计算 n 个指标的 Wald 统计量值，并与 4.3.2 中 Step3 查表得到的 $\chi^2_{0.05}$（1）=3.841 进行对比，若计算的 Wald 统计量值小于查表值，则该指标未通过检验，不具备违约鉴别能力。

Step3：剔除违约鉴别能力最小的指标

在 Step2 所有未通过检验的指标中，按照 4.3.2 中 Wald 统计量值的大小，剔除 Wald 统计量值最小，即违约鉴别能力最小的指标。

以 4.3.2 中 Wald 统计量值为标准进行第三次指标筛选的原因分析：4.3.2 中 Wald 统计量值是仅考虑单一指标，未考虑指标之间的相互影响，因此，Wald 统计量值越大，指标的违约鉴别能力越强。而 4.3.4 中计算的 Wald 统计量值是会变动的，由于指标之间的相互影响，因此在删除一个指标前后的两次检测过程中，某一未删除指标的 Wald 统计量值是会发生变化的，所以不能以 4.3.4 中计算的 Wald 统计量值为标准进行第三次筛选。

Step4：重复上述过程 Step1～Step3，直至体系中的所有指标都通过显著性检验，即体系中的所有指标都具备违约鉴别能力。

4.3.5 基于 ROC 曲线的指标体系合理性检验

（1）贷款客户违约概率的预测

以 4.3.4 中最终筛选出的指标为自变量，根据式（4-4）和式（4-8）建立二元 Logistic 回归模型，预测贷款客户违约概率 $P_j(y_j=1)$。

（2）模型判别结果分类

对预测出的客户违约概率 $P_j(y_j=1)$ 与客户真实违约情况进行对比，

规定：当预测 $P_j(y_j=1) \geqslant 0.5$ 时，客户判别为违约状态；当预测 $P_j(y_j=1)$ < 0.5 时，客户判别为非违约状态。

对比客户预测的违约状态与实际的违约状态，得到分类结果表，见表4-2。

表4-2　　　　　　　　　　　预测模型的分类结果

实际违约状态	预测违约状态	
	1（违约）	0（非违约）
1（违约）	实际违约被判违约的个数 True Positive（TP）	实际违约被判非违约的个数 False Negative（FN）
0（非违约）	实际非违约被判违约的个数 False Positive（FP）	实际非违约被判非违约的个数 True Negative（TN）

（3）ROC曲线的构建

根据表4-2中的分类结果定义两个变量，也就是ROC曲线的横纵坐标。

纵坐标：又称真正类率（TPR，true positive rate），是预测正确的违约样本TP占总违约样本（TP+FN）的比率，用公式表示为：

$$TPR = TP \div (TP+FN) \tag{4-9}$$

横坐标：又称负正类率（FPR，false positive rate），是将非违约样本预测为违约样本FP占总非违约样本（FP+TN）的比率，用公式表示为：

$$FPR = FP \div (FP+TN) \tag{4-10}$$

（4）合理性检验

计算 ROC 曲线下方的面积 AUC（area under curve），其取值在 0.5～1 之间，AUC越接近1，证明模型判别效果越好：如果 AUC > 0.9，那么证明判别模型具有较高的准确性，说明预测模型通过 ROC 曲线的合理性检验；如果 AUC=1，那么是最理想的情况，即预测结果与实际结果完全一致，证明判别效果最好。

4.4 小企业信用风险评价指标体系的建立

4.4.1 海选指标集及数据获取

（1）指标的海选

海选指标集的来源主要包括以下四个方面：一是国际评级机构的评价指标，例如标准普尔评级公司、惠誉评级机构的评价指标；二是国内金融机构的评价指标，例如中国建设银行、大公国际资信评估有限公司的评价指标；三是现有学术文献中的信用风险评价指标，例如Jorunal of Finance等学术期刊中用于信用风险评价的指标；四是银行从业者在实践中提供的一些评价指标。根据上述四个方面获取的信用风险评价海选指标，本书共建立了包括107个指标在内的信用风险海选指标体系，见表4-3。

表4-3 小企业信用风险评价海选指标集

（1）序号	（2）一级准则	（3）二级准则	（4）指标名称	（5）指标类型	（6）指标来源文献	（7）筛选结果
1		偿债能力	资产负债率	负向	[1] ~ [3]，[10] ~ [19]，[21]，[25]，[33]	第三次删除
⋮			⋮	⋮	⋮	⋮
28			权益负债比	正向	[51]，[60]，[62]，[64]，[67]	不可观测删除
29	财务因素	盈利能力	销售净现率	正向	[17]，[18]，[59]，[68]，[70]	第三次删除
⋮			⋮	⋮	⋮	⋮
45		营运能力	应收账款周转率	正向	[4]，[71]，[73]，[76]，[108]	第一次删除
⋮			⋮	⋮	⋮	⋮
55		成长能力	总资产增长率	正向	[53]，[68]，[73]，[97]，[107]	第一次删除
⋮			⋮	⋮	⋮	⋮

续表

（1）序号	（2）一级准则	（3）二级准则	（4）指标名称	（5）指标类型	（6）指标来源文献	（7）筛选结果
64	企业外部宏观因素		居民消费价格指数	[101, 105]	[42]，[88]，[90]，[92]，[98]，[108]	保留
⋮			⋮	⋮	⋮	⋮
72			行业发展趋势	定性	[69]，[89]	不可观测删除
73	企业内部非财务因素		相关行业的从业年限	定性	[27]，[113]	保留
⋮			⋮	⋮	⋮	⋮
⋮	企业法人基本情况		学历	定性	[4]，[15]，[16]，[18]，[57]	第一次删除
⋮			⋮	⋮	⋮	⋮
99	企业基本信用情况		企业到位注册资金类别	定性	[27]，[36]，[38]～[41]，[47]，[50]	第二次删除
⋮			⋮	⋮	⋮	⋮
103	企业商业信誉		企业纳税记录	定性	[41]，[50]，[51]，[55]，[62]，[64]	第二次删除
⋮			⋮	⋮	⋮	⋮
107	抵押、质押、担保		抵押、质押、担保因素	定性	[18]，[69]，[75]，[79]，[121]	保留

本书是以建立数学模型为手段进行实证研究，这类研究的前提是能够获取数据，因此，本书在进行定量筛选指标之前，对无法获取数据的指标进行了筛选，从而剔除了经济环境、客户投诉率等指标，并最终建立了包括财务因素、非财务因素等7个层面、81个指标在内的海选指标集，这7个层面见表4-3第2列。其中，26个无法获取数据的指标在表4-3第7列以"不可观测删除"标注。

（2）数据的获取

本书的实证数据源于已完成的银行项目，具体数据从中国某银行总行的小企业信贷数据库获取，涉及京、津、沪、渝等28个城市自1994

年起20年来共计3 045笔小企业贷款数据。其中，违约样本数据50笔，非违约样本数据2 995笔。

样本数据选取的合理性分析：一是该商业银行的贷款数据分布涉及京、津、沪、渝等28个城市的小企业，其样本数据覆盖了中国的不同区域，具有代表性。二是样本数据共计3 045笔，在数量上具有代表性。对一些银行而言，小企业贷款业务开展年限不够长，相应的样本不够多，加之小企业贷款存在小违约样本的特点，因此，本书的样本选取具有典型性。三是以《巴塞尔协议III》规定的"逾期90天以上（包括第90天）"没有归还贷款视为违约为标准，提取每个违约小企业客户的应收未收本息、应收本息的实际数据，作为本书的违约损失率挖掘的基础数据。这种数据的获取和应用具有科学性。

需要指出，中国的商业银行贷款，尤其是小企业贷款普遍存在的一个现象就是小违约样本，即违约样本普遍占比较低。本书未对样本进行扩充或者随机选取，主要是因为本书的目的是挖掘不同信用等级的违约损失率，并以商业银行实际发放的贷款为实证对象，确保挖掘出来的违约损失率是银行真实的违约损失率，能够反映该银行实际的损失，扩充后的样本虽然能够更好划分信用等级，但是挖掘出的违约损失率只能作为该银行违约损失率的参考，不能代表银行实际的违约损失率。

4.4.2 指标数据的标准化

本书将可获取数据的81个指标按照顺序分别以 X_1，X_2，$\cdots$，X_{81} 进行标注，并列入表4-4第2列。表4-4共由两部分构成，表4-4第一部分"3 045个原始数据 V_{ij}"一栏是原始数据，记为矩阵（v_{ij}）；表4-4第二部分"3 045个标准化值 X_{ij}"一栏是标准化处理后的数据，记为矩阵（x_{ij}），标准化过程具体为：

（1）定量指标数据的标准化

表4-4第2列对应81个指标，第一部分"3 045个原始数据 v_{ij}"一栏是3 045个小企业的原始指标数据 v_{ij}，即式（4-1）～式（4-3）中的 v_{ij}。其中，每一行对应的3 045个 v_{ij} 都可以找到一个最大值和一个最小值，即式（4-1）～式（4-3）中的 max（v_{ij}）和 min（v_{ij}）。

表4-4　　　　　　3 045个小企业的原始数据及标准化数据

(a) 序号	(b) 指标	3 045个原始数据 v_{ij}			3 045个标准化值 x_{ij}				
		(1) 企业1	…	(3 045) 企业3 045	(3 046) 企业1	…	(3 095) 企业50	…	(6 090) 企业3 045
1	X_1资产负债率	0.523	…	0.603	0.454	…	0.654	…	0.369
2	X_2流动负债经营活动净现金流比率	−0.054	…	0.136	0.472	…	0.461	…	0.496
…	…	…	…	…	…	…	…	…	…
21	X_{21}净资产收益率	0.237	…	0.067	0.232	…	0.000	…	0.065
…	…	…	…	…	…	…	…	…	…
49	X_{49}行业景气指数	134.750	…	123.300	0.695	…	0.700	…	0.579
…	…	…	…	…	…	…	…	…	…
55	X_{55}相关行业的从业年限	0	…	10年	0.000	…	1.000	…	1.000
…	…	…	…	…	…	…	…	…	…
74	X_{74}担任该职务时间	无	…	4	0.000	…	0.400	…	0.400
75	X_{75}企业到注册资金类别	资金型实物型	…	资金型	0.800	…	0.000	…	1.000
…	…	…	…	…	…	…	…	…	…
81	X_{81}抵押、质押、担保得分	工业用地土地使用权	…	其他企业保证	0.669	…	0.649	…	0.570
82	是否违约	1.000	…	0.000	1.000	…	1.000	…	0.000

根据表4-3第5列的指标类型，分别将指标的原始数据v_{ij}以及确定的最大值$\max(v_{ij})$和最小值$\min(v_{ij})$代入相应类型的指标标准化公式中，对指标进行标准化处理。标准化处理后的数据见表4-4"3 045个标准化值X_{ij}"一栏所示。例如，表4-3第1行指标X_1资产负债率，是负向指标，将表4-4"3 045个原始数据V_{ij}"一栏的数据v_{1j}带入负向指标的打分公式（4-2）中，并对该指标进行标准化处理，转化为[0，1]区间内的数值，标准化处理后的数据x_{1j}列入表4-4"3 045个原始数据v_{ij}"一栏所示。

其他定量指标的标准化处理过程同理进行。

需要指出，在81个指标中，有两个区间型指标，分别是居民消费价格指数和年龄。其中，年龄指标的最佳区间是[31，45]，居民消费价格指数指标的最佳区间是[101，105]，将这两个指标的原始数据v_{ij}带入式（4-3）即可得到标准化值x_{ij}。

（2）定性指标的标准化处理

根据4.3.1所列的定性指标评分方法，将企业到位资金注册类别等定性指标进行标准化处理，并将其转化为[0，1]区间内的标准化数值。以"X_{55}相关行业的从业年限"指标为例进行说明，见表4-4第55行指标，企业1对应的数据为0，根据表4-1第5行第3列的评分标准，"相关行业的从业年限"属于0～2年的企业的标准化后评分为0，所以将标准化后的数据0列入表4-4第55行指标第二部分第3 046列。对其他小企业客户的原始数据进行标准化处理的步骤与上述方式类似，标准化处理后的结果列入表4-4第55行指标的相应列。

同理对"企业近三年授信情况"等其他定性指标进行标准化处理。

4.4.3　第一次筛选

目的：检验单一指标自身是否具备违约鉴别能力，剔除不具备违约鉴别能力的单一指标。

以指标X_1资产负债率为例，说明检验单一指标自身是否具备违约鉴别能力的步骤。

（1）建立二元 Logistic 回归模型

以违约状态 y_j 为因变量，以指标 X_1 为自变量，建立二元 Logisitic 回归模型，即将表4-4第83行的违约状态 y_j 及表4-4第1行第二部分"3 045个标准化值 x_{ij}"一栏的 X_1 的数据 x_{1j} 带入式（4-4）～式（4-5），通过极大似然估计法求解二元 Logistic 回归模型的系数 β_1，以及回归系数 β_1 的标准误 $SE_{\beta1}$。回归模型的系数 β_1 及标准误 $SE_{\beta1}$ 的求解可以借助 SPSS 软件实现。最终得到的结果为：$\beta_1 = -2.002$，$SE_{\beta1} = 0.557$。结果列入表4-5第2行第3～4列。

（2）检验指标的违约鉴别能力

将 $\beta_1 = -2.002$，$SE_{\beta1} = 0.557$ 带入式（4-6）中，求解 Wald 统计量值 $W_1 = 12.941$，结果列入表4-5第2行第5列。

当显著性水平 $\alpha = 0.05$ 时，查 χ^2 分布表，因为只有一个自变量指标，所以自由度为1，在这种情况下的临界值 $\chi^2_{0.05}(1) = 3.841$，由于 $W_1 = 12.941 > \chi^2_{0.05}(1) = 3.841$，检验通过，即指标 X_1 对违约状态具有显著影响，也就是说指标 X_1 资产负债率具备违约鉴别能力。

通过上述两个步骤可以确定单一指标是否具备显著的违约鉴别能力。同理，可以对其他指标进行相似处理，以确定其是否具备违约鉴别能力，最终的检验结果见表4-5第3～82行。

通过第一步筛选，共剔除流动比率等24个不具备违约鉴别能力的指标，剩余57个指标，即这57个指标是具备违约鉴别能力的指标，具体筛选结果见表4-5。

4.4.4 第二步指标筛选

目的：确定具备违约鉴别能力的任意两个指标之间反映的信息是否重复，并在反映信息重复的指标中剔除违约鉴别能力弱的指标，从而避免构建的信用风险评价指标体系冗余。

（1）计算任意两个具备违约鉴别能力的指标之间的相关系数

经过4.4.3对指标的第一步筛选，共剔除了24个不具备违约鉴别能力的指标，剩余57个指标。

表4-5 单一指标违约鉴别能力的筛选结果

(1) 序号	(2) 指标	(3) 系数 β_i	(4) 标准误 $SE_{\beta i}$	(5) 统计量值 W_i	(6) 查表值	(7) 筛选结果
1	X_1资产负债率	-2.002	0.557	12.941		保留
2	X_2流动负债经营活动净现金流比率	-3.865	1.006	14.749		保留
⋮	⋮	⋮	⋮	⋮		⋮
4	X_4流动比率	-0.406	1.108	0.134		剔除
⋮	⋮	⋮	⋮	⋮		⋮
9	X_9股东权益比率	-2.012	0.560	12.901		保留
⋮	⋮	⋮	⋮	⋮	$\chi^2_{0.05}(1)=$ 3.841	⋮
44	X_{44}营业收入增长率	0.045	0.770	0.003		剔除
⋮	⋮	⋮	⋮	⋮		⋮
49	X_{49}行业景气指数	-2.659	1.049	6.426		保留
⋮	⋮	⋮	⋮	⋮		⋮
55	X_{55}相关行业的从业年限	-1.903	0.324	34.525		保留
⋮	⋮	⋮	⋮	⋮		⋮
81	X_{81}抵押、质押、担保得分	-2.028	0.430	22.289		保留

在表4-4中,将剩余的57个指标的标准化数据中的任意两行标准化数据 x_{ik},x_{jk}代入式(4-7),得到第 i 个指标和第 j 个指标间的相关系数 r_{ij},任意两个指标都需要计算相关系数,共有57个指标,所以最终得到了一个相关系数矩阵(r_{ij}),见表4-6。

表4-6

指标间的相关系数

(a) 序号	(b) 指标	(1) X_1	(2) X_2	...	(8) X_8	(9) X_9	...	(15) X_{19}	...	(57) X_{81}
1	X_1资产负债率	1.000	0.279	...	0.169	0.998	...	0.278	...	0.017
2	X_2流动负债经营活动净现金流比率	0.279	1.000	...	0.816	0.278	...	0.990	...	0.037
...	...	...	...	...	...	...	...	...	...	...
7	X_8全部资产现金回收率	0.169	0.816	...	1.000	0.168	...	0.842	...	0.065
8	X_9股东权益比率	0.998	0.278	...	0.168	1.000	...	0.277	...	0.017
...	...	...	...	...	...	...	...	...	...	...
15	X_{19}总负债经营活动净现金流比率	0.278	0.990	...	0.842	0.277	...	1.000	...	0.036
...	...	...	...	...	...	...	...	...	...	...
57	X_{81}抵押、质押、担保得分	0.017	0.037	...	0.065	0.017	...	0.036	...	1.000

（2）指标相关性筛选

如前所述，若相关系数 $r_{ij} < 0.8$，则表示指标 i 和 j 之间的相关性不大，同时保留这两个指标；若 $r_{ij} \geq 0.8$，则表示指标 i 和 j 高度相关，可相互替代，保留一个即可，因此在这两个指标中剔除 Wald 统计量值小的指标。

在表4-6中，指标"X_1 资产负债率"与指标"X_9 股东权益比率"之间的相关系数是0.998，大于0.8，表示这两个指标高度相关，保留一个即可。再由表4-5可知，"X_1 资产负债率"的 Wald 统计量值 $W_1 = 12.941$，"X_9 股东权益比率"的 Wald 统计量值 $W_9 = 12.901$，所以，剔除指标"X_9 股东权益比率"，保留指标"X_1 资产负债率"。

同理，对其他相关系数大于0.8的一对指标进行判别删除。

需要指出，若3个或者更多个指标之间高度相关，且按照上述标准操作存在矛盾的情况下，例如指标 A 与 B 高度相关，按照违约鉴别能力剔除指标 A，保留指标 B；指标 A 与 C 高度相关，按照违约鉴别能力剔除指标 C，保留指标 A；在这种情况下需要对比 A、B、C 这三个指标，保留一个违约鉴别能力最强的指标即可。

实证结果表明，经过相关分析剔除了"X_9 股东权益比率""X_{19} 总负债经营活动净现金流比率"等9个指标，保留了48个指标，具体筛选结果见表4-7。其中表4-7第3列的"统计量值 W_i"来源于表4-5第5列。

表4-7　　　　　　　　　　　第二步相关分析筛选结果

（1）序号	（2）指标	（3）统计量值 W_i
1	X_1 资产负债率	12.941
2	X_2 流动负债经营活动净现金流比率	14.749
3	X_3 速动比率	4.413
…	…	…
20	X_{27} 毛利率	4.046
…	…	…
48	X_{81} 抵押、质押、担保得分	22.289

4.4.5　第三步指标筛选

目的：在考虑指标之间相互影响的条件下，确保进入信用风险评价指标体系后的指标仍具备违约鉴别能力。

（1）建立二元 Logistic 回归模型

以违约状态 y_j 为因变量，以 4.4.4 中剩余的 48 个指标为自变量，建立二元 Logisitic 回归模型，即将表 4-4 的"是否违约"及表 4-4 中的 48 个自变量指标对应的"3 045 个标准化值 x_{ij}"一栏数据带入式（4-4）和式（4-8），通过极大似然估计法求解二元 Logistic 回归模型的系数 β_i，以及回归系数 β_i 的标准误 $SE_{\beta i}$，借助 SPSS 软件可实现该过程，结果列入表 4-8 第 2～49 行的第 4～5 列。

（2）全部指标的显著性检验

将表 4-8 第 4～5 列的数据带入式（4-6）计算 48 个指标的 Wald 统计量值，计算结果见表 4-8 第 6 列，并与表 4-8 第 7 列中查表得到的 $\chi^2_{0.05}(1)$ =3.841 进行对比，若计算的 Wald 统计量值小于 3.841，则指标未通过检验，不具备违约鉴别能力，将对比结果即指标是否具备违约鉴别能力列入表 4-8 第 8 列。在 48 个指标中，共有速动比率、毛利率等 27 个指标不具备违约鉴别能力，具体筛选结果见表 4-8。

（3）剔除违约鉴别能力最小的指标

根据表 4-7 第 3 列"统计量值 W_i"的大小，对比在上一步骤中 27 个不具备违约鉴别能力的指标，剔除在这 27 个指标中 Wald 统计量值最小，即违约鉴别能力最小的指标。表 4-7 的指标"X_{27} 毛利率"的 Wald 统计量值 4.046 最小，所以首先剔除指标"X_{27} 毛利率"。

上述过程是第一个指标的删除过程，即第一次删除，见表 4-8 第 2 列。

（4）其他指标的剔除

在剔除指标"X_{27} 毛利率"后剩余 47 个指标的基础上重复上述过程（1）～（3），直至体系中的所有指标都通过显著性检验，即体系中的所有指标都具备违约鉴别能力。

表 4-8   第三步体系中的指标违约鉴别能力的筛选结果

(1) 序号	(2) 筛选次数	(3) 指标	(4) 系数 β_i	(5) 标准误 $SE_{\beta i}$	(6) Wald 统计量值	(7) 查表值	(8) 违约鉴别能力	(9) 筛选结果
1	第1次筛选	X_{81} 资产负债率	-5.070	2.513	4.071	$\chi^2_{0.05}(1)=$ 3.841	$\surd$	保留
...		...			...		...	...
16		X_{27} 毛利率	0.196	2.061	0.009		$\times$	剔除
		...	...	...	...		...	...
48		X_{81} 抵押、质押、担保得分	-2.699	1.046	6.665	...	$\surd$	保留
...		...	...	...	...		...	...
1041	第33次筛选	X_2 流动负债经营活动净现金流比率	4.215	1.765	5.703	$\chi^2_{0.05}(1)=$ 3.841	$\surd$	保留
1042		X_{10} 超速动比率	-9.172	2.439	14.144		$\surd$	保留
...		...	...	...	...		...	...
1047		X_{52} 居民消费价格指数	-12.460	2.898	18.485		$\surd$	保留
...		...	...	...	...		...	...
1050		X_{55} 相关行业的从业年限	-1.530	0.611	6.279		$\surd$	保留
...		...	...	...	...		...	...
1055		X_{76} 近三年企业授信情况	-3.750	0.712	27.718		$\surd$	保留
1056		X_{81} 抵押、质押、担保得分	-1.825	0.682	7.153		$\surd$	保留

最终建立的信用风险评价指标体系见表4-8第1 042～1 057行，即第33次筛选后体系中的所有指标都具备违约鉴别能力，该体系最终包括16个指标。

4.4.6 信用风险评价指标体系合理性检验

以4.4.5最终筛选出的16个指标，由表4-8第3～4列的指标及指标系数，构建的二元Logistic回归模型为：

$$Ln [P_j/(1-P_j)] =13.997+4.215X_2-9.172X_{10}-4.399X_{17}+\cdots 1.825X_{81} \qquad (4-11)$$

将表4-4第二部分第"3 045个标准化值 X_{ij}"一栏相应行的指标数据 x_{ij} 带入式（4-11），预测第 j 个贷款客户的违约的概率 P_j（$y_j=1$）。

对比预测的概率与0.5的关系，当预测 P_j（$y_j=1$）≥0.5时，客户判别为违约状态；当预测 P_j（$y_j=1$）＜0.5时，将客户判别为非违约状态。得到预测结果分类表见表4-9。该过程可以借助SPSS实现。

表4-9　　　　　　　　　　**客户违约状态的预测分类结果**

实际违约状态	二元logistic回归分类结果		
	（1）违约	（2）非违约	（3）合计
（1）违约	26（TP）	24（FN）	50
（2）非违约	4（FP）	2 991（TN）	2 995
（3）合计	30	3 015	3 045

根据表4-9可知二元logistic回归模型将实际违约判定为违约的样本数是26个，将实际非违约判定为非违约的样本数是2 991个，所以判断准确率为（26+2 991）÷3 045=0.99，因此，建立的16个指标构成的信用风险评价指标体系具有较强的违约与否判别能力。模型的判断准确率高达99.1%。

表4-9是设置临界值0.5，即预测概率 P_j（$y_j=1$）≥0.5时的模型分类结果，在临界值为0.5的条件下，根据表4-9的分类结果计算ROC曲线的横纵坐标值，即将表4-9第2～3行第2～3列的数带入式（4-9）～式（4-10），计算纵坐标值TPR=26÷（26+24）=0.52，横坐标值FPR=4÷

（4+2 991）=0.0013。

取不同的临界值，可以得到不同的横纵坐标值，即可以画出一条ROC曲线，如图4-2所示。该过程可以借助SPSS软件实现。计算图4-2中ROC曲线下方的面积AUC，结果是AUC=0.956＞0.9，说明预测模型通过ROC曲线的合理性检验，即本书通过筛选的由16个评价指标构成的小企业信用风险评价指标体系具有较强的违约状态鉴别能力。

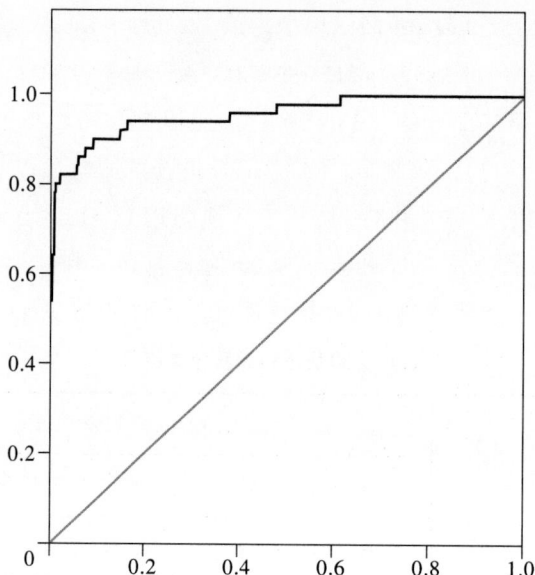

图4-2　ROC曲线图

4.4.7　信用风险评价指标体系的特点分析

（1）与"5C"原则相对应

根据小企业信用风险评价指标与"5C"的对应原则，可知建立的小企业信用风险评价指标体系覆盖了企业资本（Capital）、还款能力（Capacity）、品质特征（Character）、宏观条件（Condition）、抵押担保（Collateral）这5个原则，见表4-10第4列。

一是"X_{76}近三年企业授信情况"这一指标反映了品质特征（Character）原则，见表4-10第4列的符号C_1。

二是"X_{48}留存收益增长率""X_{55}相关行业的从业年限"等8个指标

反映了还款能力（Capacity）原则，见表4-10第4列的符号C_2。

三是"X_2流动负债经营活动净现金流比率"等3个指标反映了企业资本（Capital）原则，见表4-10第4列的符号C_3。

四是"X_{81}抵押、质押、担保得分"指标反映了抵押担保（Collateral）原则，见表4-10第4列的符号C_4。

五是"X_{52}居民消费价格指数"等3个指标反映了宏观条件（Condition）原则，见表4-10第4列的符号C_5。

表4-10　　　　　　　　　小企业信用风险评价指标体系及5C原则

(1)序号	(2)准则层	(3)指标	(4) 5C原则
1	企业内部财务因素	X_2流动负债经营活动净现金流比率	C_3（Capital）
…		…	…
6		X_{48}留存收益增长率	C_2（Capacity）
7	企业外部宏观条件	X_{52}居民消费价格指数	C_5（Condition）
…			…
10	企业内部非财务因素	X_{55}相关行业的从业年限	C_2（Capacity）
…		…	…
13	法人代表基本情况	X_{68}企业负责人的居住状况	C_2（Capacity）
…		…	…
15	企业基本信用情况	X_{76}近三年企业授信情况	C_1（Character）
16	抵押、质押、担保因素	X_{81}抵押、质押、担保得分	C_4（Collateral）

（2）体系中的指标具备违约鉴别能力

一些被广泛用于评级的指标在本书的研究中却被删除，例如"流动比率""营业收入增长率"等，这些看起来应该用于评级的指标，但是经过4.4.3的实证研究，可知这些指标未通过Wald统计量检验，即这些指标不具备违约鉴别能力，应该剔除。

一些单个指标虽然具备违约鉴别能力，但是进入信用风险评价指标体系后，由于指标之间的相互影响不再具备违约鉴别能力，例如"毛利率"等指标。经过4.4.5的实证研究，在本书建立的信用风险评价指标体系中，不仅每一个指标都具备违约鉴别能力，而且进入信用风险评价指标体系后该指标仍然具备违约鉴别能力。

（3）体系中囊括了宏观经济指标

某些地区受宏观经济条件的变化影响很大。小企业由于其规模小、市场占有率不高，对市场风险的抵御能力较差，如果宏观经济条件发生了较大变化，那么小企业会更容易受影响。因此，在对小企业进行信用风险评级时，宏观经济条件指标不可忽视。

经过4.4.3~4.4.5的三步筛选后，本书建立的信用风险评价指标体系含有"居民消费价格指数"等3个反映地区经济条件的指标。

（4）体系中囊括了抵押、质押、担保因素

小企业普遍存在易违约、风险高的特点，因此，商业银行在为小企业发放贷款之前需要其提供一定的担保物，进而避免由于小企业违约给银行带来的损失。本书建立的信用风险评价指标体系含有"抵押、质押、担保得分"这一指标，是指对抵押、质押、担保物等进行处理后得到的反映抵押、质押、担保能力的综合指标得分，经过实证检验该指标能够显著区分违约状态与非违约状态。

4.5 本章结论

（1）主要结论

小企业信用风险评价指标体系构建的主要结论包括以下三个方面，一是当构建小企业信用风险评价指标体系时，要确保该体系中的每一个指标对违约状态都有显著区分的能力；二是一个好的信用风险评价指标体系必须要简洁，不能繁杂，因此需要剔除反映信息重复的指标；三是本书建立的小企业信用风险评价指标体系具有较强的判别违约与否的能力。

（2）主要特色

小企业信用风险评价指标体系构建的主要特色是遴选出不仅单一指标具备违约鉴别能力，而且进入信用风险评价指标体系后仍具备违约鉴别能力的指标。

本书通过构造违约状态与单个独立指标之间的二元 Logistic 回归模型，以保留所有具备违约鉴别能力的指标，进而构造违约状态与所有具备违约鉴别能力的指标之间的二元 Logistic 回归模型，并通过每次剔除一个违约鉴别能力最弱的指标来确保进入该体系的所有指标都具备违约鉴别能力，从而避免现有研究的两方面不足：一方面忽略指标之间的相互影响，直接采用秩和检验等方法将单个具备违约鉴别能力的指标简单相加构成信用风险评价指标体系，导致进入信用风险评价指标体系后的指标不再具备违约鉴别能力；另一方面通过 Probit 回归等方法对多个指标同时进行遴选，虽然进入信用风险评价指标体系后的指标具备违约鉴别能力，但是存在单一指标不再具备违约鉴别能力。

5　基于违约状态判别的信用风险评价
模型的构建

5.1　内容提要

违约鉴别能力又称违约状态判别能力，是指评价指标，或综合评级结果对违约客户与非违约客户的区分能力。一个合理的信用风险评价指标体系必须能够将违约客户与非违约客户进行有效区分。而指标权重设置得是否合理将直接影响信用风险评级结果的准确性和可靠性。如果权重设置得不合理，将重要指标赋予了较小的权重、不重要的指标赋予了较大的权重，那么必然不会得到一个合理的信用评级结果，从而会导致将信用差的企业评级为信用好的企业，进而对银行等金融机构的决策者产生误导，使其面临巨大的信用风险。

结合信用风险评级这一科学问题，如何确定指标的权重，并使最终的评级结果满足违约样本的评价得分较低、非违约样本的评价得分较高的要求，即信用评级结果能够明显区分违约样本和非违约样本，是本章的主要研究内容。

本章是在第4章建立的小企业信用风险评价指标体系的基础上，在众多的赋权方法中，根据评级结果对违约客户与非违约客户的区分程度遴选出判别违约状态效果最好的一种赋权方法，进而构建信用风险评价模型，确定贷款小企业的信用评价得分，不仅能够确定小企业的资信排序，而且为下一章信用等级的划分提供数据基础。

本章的主要工作包括两个方面：一是通过指标的 Wilks'Lambda 判别值构造 χ^2 统计量值，进而对指标进行赋权，根据指标的 Wilks'Lambda 值 Λ_j 越小，χ^2 统计量值越大，该指标对违约客户与非违约客户的区分能力就越强，指标的权重就越大的思路对指标进行赋权；二是通过构造反映违约鉴别能力的贴近度 C，在 5 种常用赋权方法中遴选出一种违约鉴别能力最强，最适合在信用风险评级过程中使用的指标赋权方法。

5.2 信用风险评价模型的构建原理

5.2.1 问题的提出

指标权重的确定是否合理将直接影响信用风险评级结果的准确性和可靠性。人们在对信用风险评价指标进行赋权时，通过 G1 法等主观赋权法反映专家的经验；通过变异系数等客观赋权法反映指标的数据差异程度，即指标所反映的信息含量；通过建立基于离差最大化等目标规划的方法对主观赋权法和客观赋权方法进行组合，从而确定指标的组合权重。

上述赋权方法主要存在三个方面的问题：一是现有赋权方法并不反映指标的违约鉴别能力，不满足违约鉴别能力越强、权重越大的标准；二是在众多的赋权方法中现有研究往往采用主观随机选择赋权方法；三是现有研究对主客观赋权方法进行组合，往往会将不好的赋权方法与好的赋权方法进行组合，从而导致组合后的结果并不最优。

在信用风险评级中，指标的权重需要使评级结果能够尽可能将违约客户与非违约客户区分开来，评级结果需要满足函数关系 S=f（w，x），若指标的违约鉴别能力越强，即权重越大，评级结果的违约鉴别能力也越强，因此应根据违约鉴别能力对指标进行赋权。根据违约鉴别能力赋权，是基于使评级结果中的违约客户与非违约客户区分程度最大这一视角进行的研究。

因此，在众多的赋权方法中，如何确定一种对违约客户与非违约客户能够进行有效区分的赋权方法，使得信用风险评级结果能满足违约客户的信用评分低、非违约客户的信用评分高的要求，是本书需要解决的科学问题。

本章的赋权方法与组合赋权的区别：本书是在众多的赋权方法中，根据评级结果对违约客户与非违约客户的区分程度遴选出违约鉴别能力最强的一种赋权方法；而组合赋权是对不同赋权方法进行线性组合，这可能将违约鉴别能力强的赋权方法与违约鉴别能力弱的赋权方法进行组合，从而导致组合后的权重对应的违约鉴别能力不强。

5.2.2 问题的难点

难点 1：在确定指标权重时，如何确保指标的违约鉴别能力越强、权重越大。

现有研究根据指标数据的离散程度确定指标反映的信息含量，根据指标数据越离散、反映信息越多，相应的权重越大的思路来对指标进行赋权，而在信用风险评级中，指标是否具备违约鉴别能力是评价该指标好坏的一个重要标准。

难点 2：在众多的赋权方法中，如何遴选出一种最优的、最适合信用风险评级的赋权方法，使得信用评级结果能够有效区分违约客户与非违约客户。

在熵权法、变异系数法等众多赋权方法中，现有研究随机选择一种方法对指标进行赋权，而没有结合所研究的科学问题确定该赋权方法是否合理。

5.2.3 解决难点的思路

难点 1 的解决思路：基于违约鉴别能力的指标赋权思路。

在一个指标对应多个贷款客户的条件下，将客户划分为违约组和非违约组，若违约组和非违约两组之间数据差异越大、组内数据差异越小，则指标的Wilks'Lambda值Λ_j越小，χ^2统计量值越大，这说明该指标对违约客户与非违约客户的区分能力越强，即指标的违约鉴别能力越强。根据指标违约鉴别能力越强、权重就越大的思路对指标进行赋权，能够弥补现有单一赋权方法与违约鉴别能力无关的不足。

难点2的解决思路：基于违约状态判别的最优权重的确定思路。

根据客户信用评分与正、负理想点的距离构建反映评级结果违约鉴别能力的贴近度C，若违约客户的信用评分越接近最差值0，非违约客户的信用评分越接近最优值1，则贴近度C越大，相应的赋权方法越能在最大程度上区分违约客户与非违约客户，进而在不同的赋权方法中遴选出贴近度最大、违约鉴别能力最强的一种，确保违约客户的评分低、非违约客户的评分高，不仅能避免现有评级结果不能有效区分违约客户与非违约客户，使得二者存在大量重叠的不足；而且能避免现有研究随机主观选择赋权方法，没有与评价目的相联系的不足。

基于违约状态判别的信用风险评价指标权重的确定原理如图5-1所示。

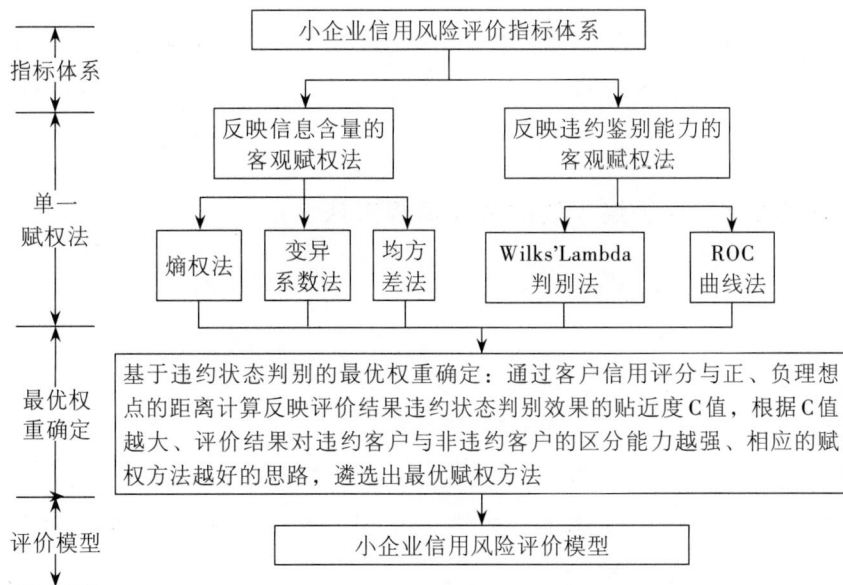

图5-1　基于违约状态判别的信用风险评价指标权重的确定原理

5.3 基于信息含量的客观赋权方法

5.3.1 基于变异系数的客观赋权方法

目的：通过指标的变异系数反映指标的信息含量，变异系数越大，指标数据越离散，说明其反映的信息含量越大，相应权重越大。

设：x_{ij}为对第 j 个小企业而言的第 i 个指标标准化值，$\bar{x}_i$为第 i 个指标下全部小企业标准化数据的均值，s_i为第 i 个指标下全部小企业标准化数据的标准差，m 为小企业总数，n 为指标数，则变异系数 v_i为：

$$v_i = \frac{s_i}{\bar{x}_i} = \sqrt{\frac{1}{m-1}\sum_{j=1}^{m}\left(x_{ij}-\bar{x}_i\right)^2} \Bigg/ \frac{1}{m}\sum_{j=1}^{m}x_{ij} \qquad (5-1)$$

对 n 个指标的变异系数 v_i进行归一化处理，可以得到每一个指标的权重，设第 i 个指标的权重为 w_i^1，w_i^1的上标"1"代表第 1 种赋权方法，即变异系数法，则：

$$w_i^1 = v_i \Bigg/ \sum_{i=1}^{n}v_i \qquad (5-2)$$

式（5-1）～式（5-2）的含义：指标的变异系数 v_i反映了第 i 个指标对应的全部样本数据 x_{ij}偏离均值 $\bar{x}_i$的程度，变异系数越大，指标数据越离散，说明其反映的信息含量越大，指标的权重 w_i^1也越大。

5.3.2 基于熵权法的客观赋权方法

目的：通过计算指标的熵值反映信息含量，熵值越大，信息含量就越大，权重就越大。

设：x_{ij}为对第 j 个小企业而言的第 i 个指标标准化值，$\bar{x}_i$为第 i 个指标下全部小企业标准化数据的均值，s_i为第 i 个指标下全部小企业标准化数据的标准差，m 为小企业总数，n 为指标数，e_i为第 i 个指标的熵值，w_i^2为第 i 个指标的熵权，w_i^2的上标"2"代表第 2 种赋权方法，即熵权法，则熵值及熵权的计算公式为：

$$e_i = -\frac{1}{\ln(m)} \cdot \sum_{j=1}^{m} \left(\frac{x_{ij}}{\sum\limits_{j=1}^{m} x_{ij}} \cdot \ln\left(\frac{x_{ij}}{\sum\limits_{j=1}^{m} x_{ij}}\right) \right) \tag{5-3}$$

$$w_i^2 = (1 - e_i) \bigg/ \left(n - \sum_{i=1}^{n} e_i\right) \tag{5-4}$$

式（5-4）的含义：通过熵值 e_i 表示指标的信息含量，（1-e_i）表示第 i 个指标的差异系数，差异系数越大，表示第 i 个指标对应的 n 个小企业的数据差异越大，即该指标的数据含量越大，则权重越大。

5.3.3　基于均方差法的权重分布

目的：通过计算指标的均方差反映指标的信息含量，指标均方差越大，代表数据越离散，说明信息含量越大，权重越大。

设：x_{ij} 为对第 j 个小企业而言的第 i 个指标标准化值，m 为小企业总数，n 为指标数，则第 i 个指标的均方差 s_i 为：

$$s_i = \sqrt{\sum_{j=1}^{m} \left(x_{ij} - \frac{1}{m}\sum_{j=1}^{m} x_{ij}\right)^2 \bigg/ m} \tag{5-5}$$

对均方差 s_i 进行归一化处理，得到第 i 个指标的权重 w_i^3，其中 w_i^3 的上标"3"代表第 3 种赋权方法，即均方差法，则：

$$w_i^3 = s_i \bigg/ \sum_{i=1}^{n} s_i \tag{5-6}$$

式（5-5）～式（5-6）的含义：均方差 s_i 反映第 i 个指标对应的全部样本数据 x_{ij} 偏离均值 $\sum\limits_{j=1}^{m} x_{ij} \big/ m$ 的程度，偏离程度越大，数据越离散，说明其反映的信息含量越大，指标的权重 w_i^3 也越大

5.4　基于违约鉴别能力的客观赋权方法

5.4.1　基于 Wilks'Lambda 判别的客观赋权方法

目的：通过 Wilks'Lambda 判别中 χ^2 统计量的计算，反映指标的违约

判别能力，违约判别能力越强，指标的权重越大。

Step1：第 i 个指标组内离差平方和 SS_{wi} 的确定

根据客户的实际违约状态将第 i 个指标划分为两组，违约组（记为 1）和非违约组（记为 0）。

设：m 为全部客户数，m_1 为违约客户数，m_0 为非违约客户数，$x_{ij}^{(0)}$ 为第 i 个指标下第 j 个非违约客户的标准化数值，$\bar{x}_i^{(0)}$ 为非违约客户的第 i 个指标数据均值，$x_{ij}^{(1)}$ 为第 i 个指标下第 j 个违约客户的标准化数值，$\bar{x}_i^{(1)}$ 为违约客户的第 i 个指标数据均值，$\bar{x}_i$ 为第 i 个指标下全部 m 个客户的数据均值，n 为指标个数，则第 i 个指标的组内离差平方和 SS_{wi} 为：

$$SS_{wi} = \sum_{j=1}^{m_0} (x_{ij}^{(0)} - \bar{x}_i^{(0)})^2 + \sum_{j=1}^{m_1} (x_{ij}^{(1)} - \bar{x}_i^{(1)})^2 \qquad (5-7)$$

式（5-7）的含义：组内离差平方和 SS_{wi} 表示对第 i 个指标而言，非违约组内客户数据偏离其均值的程度和违约组内客户数据偏离其均值的程度之和，组内离差平方和 SS_{wi} 越小，说明违约客户和非违约客户各自组内数据的差异越小。

Step2：第 i 个指标组间离差平方和 SS_{bi} 的确定

第 i 个指标的组间离差平方和 SS_{bi} 为：

$$SS_{bi} = m_0 (\bar{x}_i^{(0)} - \bar{x}_i)^2 + m_1 (\bar{x}_i^{(1)} - \bar{x}_i)^2 \qquad (5-8)$$

各变量如前 Step1 中所述。

式（5-8）的含义：组间离差平方和 SS_{bi} 表示对于第 i 个指标而言，非违约组内客户均值和违约组内客户均值偏离全部客户数据均值程度之和，组间离差平方和 SS_{bi} 越大，违约客户和非违约客户数据均值间的差异越大。

Step3：第 i 个指标特征值 γ_i 的确定

将判别分析中的判别准则的最大值（特征值 r_i）引入到指标赋权中，即：

$$\gamma_i = 组间离差平方和 \div 组内离差平方和 = SS_{bi} \div SS_{wi} \qquad (5-9)$$

Step4：第 i 个指标的 Wilks'Lambda 值 Λ_i 的确定

设：Λ_i 为第 i 个指标的 Wilks'Lambda 值，则其计算公式为：

$$\Lambda_i = \frac{1}{1 + \gamma_i} \tag{5-10}$$

Step5：第i个指标统计量χ_i^2的确定

设：m为全部客户数，G为分组数（客户被分为违约组和非违约组，因此G=2），J为变量数（由于每次是计算单一指标的χ_i^2统计量，所以J=1），则χ_i^2统计量的计算公式为：

$$\chi_i^2 = -\left(m - \frac{J + G}{2} - 1\right)\ln\Lambda_i \tag{5-11}$$

式（5-9）～式（5-11）的含义：对第i个指标而言，组内离差平方和SS_{wi}越小，即违约客户和非违约客户各自组内数据的差异越小，组间离差平方和SS_{bi}越大，即违约客户和非违约客户数据均值之间的差异越大，特征值χ_i越大，Wilks'Lambda值Λ_i越小，指标的统计量值χ_i^2越大，也就是第i个指标对违约客户和非违约客户的区分能力越强，即指标的违约判别能力越强。

Step6：指标权重w_i^4的确定

对Step5确定的不同指标的χ_i^2统计量值进行归一化处理，得到第i个指标的权重w_i^4，w_i^4的上标"4"代表第4种赋权方法，即Wilks' Lambda判别法。

$$w_i^4 = \frac{\chi_i^2}{\sum_{i=1}^{n}\chi_i^2} \tag{5-12}$$

式（5-12）的含义：指标的χ_i^2统计量值越大，指标区分违约客户与非违约客户的能力越强，即指标的违约判别能力越强，相应的指标权重w_i^4越大。

基于Wilks'Lambda判别的客观赋权的特色：根据违约客户和非违约客户各自组内数据的差异越小，组间数据差异越大，指标的特征值γ_i越大，相应的指标Wilks'Lambda值Λ_i越小，χ_i^2统计量值越大，指标对违约客户与非违约客户的区分能力越大，指标的权重越大的思路对指标进行赋权，能够保证赋权结果满足指标违约鉴别能力越强、权重越大的要求，从而弥补了现有赋权方法与违约鉴别能力无关的不足。

5.4.2 基于ROC曲线的客观赋权方法

目的：通过ROC曲线构造反映指标违约鉴别能力的AUC值，AUC值越大，指标对违约客户与非违约客户进行鉴别的准确性越高，也就是指标的违约鉴别能力越强，指标的权重就应该越大。

Step1：二元Logistic回归模型的构建

以违约状态为因变量，以单一指标为自变量，建立二元Logistic回归模型，

设：y_j为第j个小企业的违约状态（y_j=0，表示不违约；y_j=1，表示违约），z_j为隐变量，x_{ij}为对第j个小企业而言的第i个指标的标准化值，m为所有贷款小企业的个数，α为常数项，β_i为第i个指标的回归系数，ε为随机误差项，则二元Logistic回归模型为：

$$P_j(y_j = 1) = \frac{1}{1 + e^{-z_j}} \tag{5-13}$$

其中，

$$z_j = \alpha + \beta_i x_{ij} + \varepsilon \tag{5-14}$$

式（5-13）是第i个指标与违约状态之间的二元Logistic回归模型。通过极大似然估计法求解二元Logistic回归模型的系数β_i，该过程可以借助SPSS等软件实现。

Step2：贷款小企业违约概率的预测

将小企业数据带入式（5-13）～式（5-14），预测其违约概率P_j（y_j=1）。

Step3：模型判别结果分类

对Step2预测的客户违约概率P_j（y_j=1）与客户真实的违约情况进行对比，规定当预测P_j（y_j=1）≥0.5时，客户判别为违约状态；当预测P_j（y_j=1）＜0.5时，客户判别为非违约状态。

对比客户预测的违约状态与实际的违约状态，得到分类结果，具体见表4-2。

Step4：ROC曲线的构建

ROC曲线的构建过程在4.3.5的（3）中已经详细阐述，此处与之相

同，不再赘述。

Step5：指标违约鉴别能力 AUC 值的确定

计算 Step4 建立的 ROC 曲线下方的面积 AUC（area under curve），AUC 越接近 1，证明模型对违约客户与非违约客户的判别效果越好。

Step6：指标权重 w_i^5 的确定

对 Step5 确定的不同指标的 AUC 值进行归一化处理，确定第 i 个指标的权重。

设：AUC_i 为第 i 个指标的 AUC 值，n 为指标的个数，w_i^5 为第 i 个指标的权重，w_i^5 的上标"5"代表第 5 种赋权方法，即 ROC 曲线法，则：

$$w_i^5 = \frac{AUC_i}{\sum_{i=1}^{n} AUC_i} \tag{5-15}$$

式（5-15）的含义：指标的 AUC 值越大，其区分违约客户与非违约客户的能力越强，即指标的违约判别能力越强，相应的指标权重 w_i^5 就越大。

基于 ROC 曲线的客观赋权特色：通过违约样本被正确判定为违约的个数 TP 占全部实际违约样本的个数（TP+FN）的比率，以及非违约样本被正确判定为非违约的个数 TN 占实际全部非违约样本的个数（FN+TN）的比率，构造 ROC 曲线。根据 ROC 曲线所包括区域的面积值 AUC 值越大，指标的违约判别能力就强，指标的权重就越大的思路对指标进行赋权，能够保证指标的权重反映指标的违约判别能力，从而弥补了现有赋权方法与违约鉴别能力无关的不足。

5.5 基于违约鉴别能力最强的最优赋权方法

（1）目的：在众多的赋权方法中，遴选出一种违约鉴别能力最强的，并且适用于小企业信用风险评级研究的赋权方法，使得信用风险评级结果能够有效区分违约客户与非违约客户。

（2）思路：根据客户信用评分与正、负理想点的距离构建反映评级结果违约鉴别能力的贴近度 C，若违约客户的信用评分越接近最差值 0，非违约客户的信用评分越接近最优值1，则贴近度C越大，相应的赋权方法越能在最大程度上区分违约客户与非违约客户，进而在不同的赋权方法中遴选出贴近度最大、违约鉴别能力最强的一种赋权方法。

（3）信用风险评价值z_j的确定

在5.3～5.4中确定的指标权重w^t基础上，t表示第t种赋权方法，对指标权重w^t及指标标准化值，通过线性加权的方式，确定客户的信用风险评价值z_j。

设：z_j为第j个小企业的信用评价值，w_i^t为通过第t种赋权方法确定的第i个指标的权重，n为指标个数，x_{ij}为对第j个小企业而言的第i个指标标准化值，m为小企业总数，则：

$$z_j = \sum_{i=1}^{n} w_i^t x_{ij} \tag{5-16}$$

后面的研究将通过不同赋权方法对应的评价值与理想点的距离关系来确定哪一种赋权方法更能有效区分违约客户与非违约客户。

（4）正、负理想点的确定

正理想点是一个设想的最佳评级结果，在信用风险评级中即所有非违约客户的评价值都是最优值、违约客户的评价值都是最差值。而负理想点则是设想的最坏评级结果，即非违约客户的评价值都是最差值，违约客户评价值都是最优值。

在通过线性加权进行评价时，由于每一种赋权方法确定的指标权重w_i^t之和都等于1，不同小企业对应的指标数值标准化后都在［0，1］区间，因此，通过式（5-16）确定的小企业客户的评价值z_j都在区间［0，1］。全部m个小企业客户构成的评价值向量Z满足：

$$Z = \{z_1^{(0)}, \cdots, z_{m_0}^{(0)}, z_1^{(1)}, \cdots, z_{m_1}^{(1)}\}$$

如前所述，m_0为非违约客户数，m_1为违约客户数，上标"（0）"为非违约企业，上标"（1）"为违约企业。

因此正理想点Z^+、负理想点Z^-分别满足：

$$Z^+ = \{z_j^+\} = \{1, \cdots, 1, 0, \cdots, 0\}$$

其中，Z^+与Z的结构是一样的，即m_0个1与m_1个0构成，1对应非违约样本，0对应违约样本。

$$Z^- = \{z_j^-\} = \{0, \cdots, 0, 1, \cdots, 1\}$$

其中，Z^- 由 m_0 个 0 与 m_1 个 1 构成，0 对应非违约样本，1 对应违约样本。

需要指出，正、负理想点 Z^+、Z^- 是人为主观确定一种最理想的情况。

（5）评价值 Z 与正、负理想点的距离计算

设：D^+ 为小企业客户评价值到正理想点 Z^+ 的欧式距离，D^- 为小企业客户评价值到负理想点 Z^- 的欧式距离，z_j 为第 j 个小企业的评价值，z_j^+ 为第 j 个小企业的正理想点值，z_j^- 为第 j 个小企业的负理想点值，m 为全部小企业数，根据欧式距离的计算公式有：

$$D^+ = \sqrt{\sum_{j=1}^{m} \left(z_j - z_j^+ \right)^2} \qquad (5-17)$$

$$D^- = \sqrt{\sum_{j=1}^{m} \left(z_j - z_j^- \right)^2} \qquad (5-18)$$

式（5-17）～式（5-18）的含义：式（5-17）代表小企业客户的评价值与理想的最优评价值的接近程度；式（5-18）代表小企业客户的评价值与理想的最差评价值的接近程度。

（6）贴近度 C_t 的计算

设：D^+ 为小企业客户评价值到正理想点 Z^+ 的欧式距离，D^- 为小企业客户评价值到负理想点 Z^- 的欧式距离，C_t 为基于第 t 种赋权方法的小企业客户评价值与正、负理想点的贴近度，其计算公式为：

$$C_t = \frac{D^-}{D^- + D^+} \qquad (5-19)$$

式（5-19）的含义：由式（5-19）分式可知，贴近度 $0 \le C_t \le 1$，当 $z_j = z_j^+$ 时，即评价值等于正理想点值、违约客户评分为最差值 0、非违约客户评分为最优值 1 时，贴近度最大 $C_t = 1$；当 $z_j = z_j^-$ 时，即评价值等于负理想点值、违约客户评分为最优值 1、非违约客户评分为最差值 0 时，贴近度最小 $C_t = 0$。贴近度 C_t 越大、客户的最终评价值越接近正理想点、越远离负理想点，即违约客户的信用评分越接近最差值 0，非违约客户的信用评分越接近最优值 1。这说明贴近度越大，相应的评价值越能有效区分违约客户与违约客户。

（7）最优赋权方法的确定

根据式（5-19）的含义可知，贴近度最大的赋权方法是最优赋权

方法。

基于贴近度遴选最优赋权方法的特色：根据客户信用评分与正、负理想点的距离构建反映评级结果违约鉴别能力的贴近度 C，若违约客户的信用评分越接近最差值 0，非违约客户的信用评分越接近最优值 1，则贴近度 C 越大，相应的赋权方法越能在最大程度上区分违约客户与非违约客户，进而在不同的赋权方法中遴选出贴近度最大、违约鉴别能力最强的一种。确保违约客户的评分低、非违约客户的评分高，不仅能避免现有评级结果不能有效区分违约客户与非违约客户，使得二者存在大量重叠的不足；而且能避免现有研究随机主观选择赋权方法，没有与评价目的相联系的不足。

（8）信用风险评价模型的建立

设：P_j 为第 j 个小企业的信用评分，w_i 为第 i 个指标的最优权重，n 为指标个数，x_{ij} 为对第 j 个小企业而言的第 i 个指标标准化值，则：

$$P_j = 100 \cdot \sum_{i=1}^{n} w_i \cdot x_{ij} \qquad (5-20)$$

式（5-20）即为建立的小企业信用风险评价模型。通过式（5-20）可以确定任意一个小企业贷款客户的信用评分，为下一步信用等级的划分提供数据基础。

5.6 小企业信用风险评价模型的建立

5.6.1 小企业信用风险评价指标体系

在第 4 章建立的由 16 个指标构成的信用风险评价指标体系的基础上，本章首先确定指标的最优权重，进而通过线性加权的方法构建评价模型，计算小企业的信用得分。小企业信用风险评价指标体系见表 5-1 第 3 列。

其中，表 5-1 "50 笔违约样本"一栏为 50 笔违约样本的标准化值，"2 995 笔非违约样本"一栏为 2 995 笔非违约样本的标准化值。表 5-1 第 18 行"违约状态"，其中违约样本为"1"，非违约样本为"0"。

表5-1   小企业信用风险评价指标体系及标准化数据

(a) 序号	(b) 准则层	(c) 指标	3 045笔标准化值 x_{ij}						
			50笔违约样本			2 995笔非违约样本			
			(1) 企业1	...	(50) 企业50	(51) 企业51	...		(3 045) 企业3 045
1	企业内部财务因素	X_2 流动负债经营活动净现金流比率	0.472	...	0.461	0.000	...	...	0.496
...		...	...	...	...	...	...	...	...
6		X_{48} 留存收益增长率	0.519	...	0.501	0.503	...	...	0.513
7	企业外部宏观环境	X_{52} 居民消费价格指数	0.976	...	1.000	0.976	...	...	1.000
...		...	...	...	...	...	...	...	...
10	非财务因素	X_{55} 相关行业的从业年限	0.000	...	0.400	1.000	...	...	1.000
...		...	...	...	...	...	...	...	...
13	法人代表基本情况	X_{68} 企业负责人的居住状况	1.000	...	1.000	0.000	...	...	1.000
...		...	...	...	...	...	...	...	...
15	企业基本信用情况	X_{76} 近三年企业授信情况	0.000	...	0.000	0.000	...	...	1.000
16	抵押、质押、担保	X_{81} 抵押、质押、担保得分	0.669	...	0.649	0.100	...	...	0.570
17		违约状态 y_j	1	...	1	0	...	...	0
18		信用评分 P_j	53.212	...	60.696	51.166	...	...	80.645

5.6.2 基于信息含量的客观赋权

（1）基于变异系数的客观权重

以指标"X_2流动负债经营活动净现金流比率"的变异系数的计算为例，将表5-1第1行"3 045笔标准化值x_{ij}"一栏的x_{ij}求均值，得到$\bar{x}_1$=（0.472+…+0.496）÷3 045=0.489，将小企业数m=3 045，指标数n=16带入式（5-1），得到指标X_2的变异系数v_1=0.213，结果列入表5-2第1行指标的第3列。

同理，计算其他指标的变异系数v_i，列入表5-2第3列相应行。

将表5-2第3列所有的变异系数加和得到：（0.213+…+0.572）=7.128，分别将表5-2第3列的变异系数v_i以及变异系数之和7.128带入式（5-2），得到指标的权重w_i^1，列入表5-2第1行指标的第4列。

（2）基于熵权法的客观权重

以指标"X_2流动负债经营活动净现金流比率"的熵值计算为例，将表5-1第1行"3 045笔标准化值x_{ij}"一栏的x_{ij}，以及小企业数m=3 045带入式（5-3），得到指标X_2的熵值e_1=0.996，结果列入表5-2第1行指标的第5列。

同理，计算其他指标的熵值e_i，列入表5-2第5列相应行。

将表5-2第5列的熵值e_i，指标数n=16带入式（5-4），得到指标的权重w_i^2，列入表5-2第6列。

（3）基于均方差法的客观权重

以指标"X_2流动负债经营活动净现金流比率"的均方差计算为例，将表5-1第1行"3 045笔标准化值x_{ij}"一栏的x_{ij}，以及小企业数m=3 045带入式（5-5），得到指标X_2的均方差s_1=0.104，结果列入表5-2第1行指标的第7列。

同理，计算其他指标的均方差s_i，列入表5-2第7列相应行。

将表5-2第7列的均方差s_i，指标数n=16带入式（5-6），得到指标的权重w_i^3，列入表5-2第8列。

表 5-2　　　　　　　　基于信息含量的指标客观赋权结果

（1）序号	（2）指标	变异系数法		熵权法		均方差法	
		（3）变异系数 v_i	（4）权重 w_i^1	（5）熵值 e_i	（6）权重 w_i^2	（7）均方差 s_i	（8）权重 w_i^3
1	X_2流动负债经营活动净现金流比率	0.213	0.030	0.996	0.010	0.104	0.030
…	…	…	…	…	…	…	…
6	X_{48}留存收益增长率	0.244	0.034	0.993	0.019	0.119	0.034
7	X_{52}居民消费价格指数	0.045	0.006	0.981	0.054	0.044	0.013
…	…	…	…	…	…	…	…
10	X_{55}相关行业的从业年限	0.431	0.060	0.944	0.157	0.344	0.099
…	…	…	…	…	…	…	…
13	X_{68}企业负责人的居住状况	0.752	0.105	1.000	0.001	0.479	0.137
14	X_{74}法人代表担任该职务时间	0.924	0.130	0.995	0.014	0.373	0.107
15	X_{76}近三年企业授信情况	0.426	0.060	0.999	0.002	0.351	0.101
16	X_{81}抵押、质押、担保得分	0.572	0.080	0.972	0.080	0.330	0.095

5.6.3　基于违约鉴别能力的客观赋权

（1）基于 Wilks'Lambda 判别的客观权重

以指标"X_2流动负债经营活动净现金流比率"为例说明 Wilks'

Lambda判别值Λ_i的确定。根据客户的实际违约状态将指标X_2划分为违约组与非违约组，违约组见表5-1 "50笔违约样本"一栏，非违约组见表5-1 "2 995笔非违约样本"一栏。

将表5-1第2行 "50笔违约样本"一栏的标准化值$x_{1j}^{(1)}$求均值得到$\bar{x}_1^{(1)}$，将表5-1第2行 "2 995笔非违约样本"一栏的标准化值$x_{1j}^{(0)}$求均值得到$\bar{x}_1^{(0)}$，将表5-1第1行 "3 045笔标准化值x_{ij}"一栏的标准化值x_{1j}求均值得到$\bar{x}_1$，并将非违约客户数$m_0=2\ 995$，违约客户数$m_1=50$带入式(5-7)，得到第1个指标 "X_2流动负债经营活动净现金流比率"的组内离差平方和$SS_{w1}=32.742$，列入表5-3第2行第4列。同理计算其他指标的组内离差平方和，列入表5-3第4列的相应行。

表5-3　　　　　基于违约判别能力的指标客观赋权结果

(1)序号	(2) 指标	(3) 组间离差平方和	(4) 组内离差平方和	(5) 特征值	(6) Wilks' Lambda值	(7) x_i^4 统计量值	(8) 指标权重 w_i^4
1	X_2流动负债经营活动净现金流比率	0.137	32.742	0.0042	0.996	12.194	0.017
...	...	...	...	...	...	...	...
6	X_{48}留存收益增长率	0.071	42.848	0.0017	0.998	5.041	0.007
7	X_{52}居民消费价格指数	0.328	5.610	0.0585	0.945	172.994	0.237
...	...	...	...	...	...	...	...
10	X_{55}相关行业的从业年限	4.939	355.705	0.0139	0.986	41.982	0.057
...	...	...	...	...	...	...	...
13	X_{68}企业负责人居住状况	4.477	693.053	0.0065	0.994	19.604	0.027
...	...	...	...	...	...	...	...
15	X_{76}近三年企业授信情况	9.665	366.419	0.0264	0.974	79.264	0.108
16	X_{81}抵押、质押、担保得分	2.723	329.448	0.0083	0.992	25.060	0.034

　　将计算的全部客户的均值 $\bar{x}_1$，非违约客户均值 $\bar{x}_1^{(0)}$，违约客户均值 $\bar{x}_1^{(1)}$，非违约客户数 m_0=2 995，违约客户数 m_1=50 带入式（5-8），得到第 1 个指标"X_2 流动负债经营活动净现金流比率"的组间离差平方和 SS_{b1}=0.137，列入表 5-3 第 2 行第 3 列。同理计算其他指标的组间离差平方和，列入表 5-3 第 3 列的相应行。

　　将表 5-3 第 2 行第 3 列的 SS_{b1}=0.137、表 5-3 第 2 行第 4 列 SS_{w1}=32.742 带入式（5-9），计算指标的特征值 γ_1=0.137÷32.742=0.0042，结果列入表 5-3 第 2 行第 5 列。同理计算其他指标的特征值 γ_i，列入表 5-3 第 5 列的相应行。

　　将表 5-3 第 2 行第 5 列的特征值 γ_1=0.0042 带入式（5-10），计算指标的 Wilks'Lambda 值 Λ_1=1÷（1+0.0042）=0.996，结果列入表 5-3 第 2 行第 6 列。同理计算其他指标的 Wilks'Lambda 值，列入表 5-3 第 6 列的相应行。

　　由于全部小企业数 m=3 045，客户被分为违约客户和非违约客户两组，所以 G=2；J 为变量数，由于每次是计算单一指标统计量，所以 J=1，将 m=3 045，G=2，J=1，以及表 5-3 第 2 行第 6 列的 Wilks'Lambda 值 Λ_1=0.996 带入式（5-11），计算指标的 χ^2 统计量值 χ^2=12.194，结果列入表 5-3 第 2 行第 7 列。同理计算其他指标的 χ_i^2 统计量值，结果列入表 5-3 第 7 列的相应行。

　　对表 5-3 第 7 列的 χ^2 统计量值进行归一化处理，即将表 5-3 第 7 列的数据 χ_i^2 带入式（5-12），即可得到指标的权重 w_i^4，结果列入表 5-3 第 8 列。

　　（2）基于 ROC 曲线的客观权重

　　以指标"X_2 流动负债经营活动净现金流比率"为例说明 AUC_i 值的确定。根据客户的实际违约状态将指标 X_2 划分为违约组与非违约组，违约组见表 5-1"50 笔违约样本"一栏，非违约组见表 5-1"2 995 笔非违约样本"一栏。

　　将表 5-1 第 1 行"3 045 笔标准化值 x_{ij}"一栏的数据 x_{ij}、表 5-1 第 18 行的违约状态 y_j 带入式（5-13）～式（5-14），通过极大似然估计法拟合二元 Logistic 回归模型的系数及常数项，系数 β_1=-3.865，常数项 α_1=-

2.288，结果见表5-4第1行第3～4列。

此时，关于指标X_2的二元Logisitic模型为：

$$P_j(y_j=1)=\frac{1}{1+e^{-(-2.288-3.865x_{1j})}}\qquad(5-21)$$

将表5-1第1行"3 045笔标准化值x_{ij}"一栏的数据x_{1j}带入式（5-21），求解第j个小企业客户的违约概率$P_j(y_j=1)$。

如前所述：当$P_j(y_j=1)\geq0.5$时，客户判别为违约；当$P_j(y_j=1)<0.5$时，客户判别为非违约。将求解的第j个小企业客户的违约概率$P_j(y_j=1)$与客户真实违约状态进行对比，从而判断客户是否违约，并根据表4-2中的模型分类结果，再结合式（4-9）～式（4-10）绘制ROC曲线（如图5-2所示）。图5-2的纵坐标为真正类率TPR，又称敏感度，是预测正确的违约样本TP占总违约样本（TP+FN）的比率；图5-2的横坐标为负正类率FPR，又称1-特异性，是将非违约样本预测为违约样本FP占总非违约样本（FP+TN）的比率。

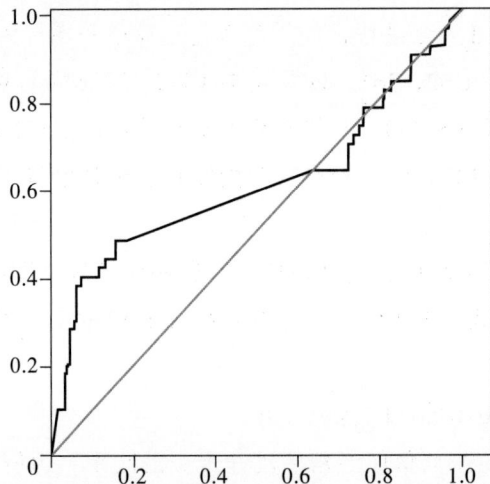

图5-2 指标"X_2流动负债经营活动净现金流比率"的ROC曲线

本书借助SPSS软件求解图5-2中ROC曲线下方的面积，即AUC值，$AUC_1=0.608$，将结果列入表5-4第2行第5列。

同理计算其他指标的AUC值，列入表5-4第5列的相应行。

对表5-4第5列的AUC_i值进行归一化处理，即将表5-4第5列的数据AUC_i带入式（5-15），可得到指标的权重w_i^5，将结果列入表5-4

第6列。

表5-4　　　　　　基于ROC曲线的指标客观赋权结果

（1）序号	（2）指标	（3）指标系数 β_i	（4）常数项 α	（5）AUC值	（6）指标权重 w_i^5
1	X_2流动负债经营活动净现金流比率	−3.865	−2.288	0.608	0.056
…	…	…	…	…	…
6	X_{48}留存收益增长率	−1.856	−3.218	0.566	0.052
7	X_{52}居民消费价格指数	−8.234	3.912	0.657	0.061
…	…	…	…	…	…
10	X_{55}相关行业的从业年限	−1.903	−2.840	0.713	0.066
…	…	…	…	…	…
13	X_{68}企业负责人的居住状况	−1.258	−3.476	0.652	0.060
…	…	…	…	…	…
16	X_{81}抵押、质押、担保得分	−2.028	−3.151	0.708	0.066

5.6.4　基于违约鉴别能力的最优权重的确定

将表5-2第4、6、8列的权重信息分别列入表5-5第3、4、5列（不包括最后一行）。将表5-3第8列的权重信息列入表5-5第6列（不包括最后一行），将表5-4第6列的权重信息列入表5-5第7列（不包括最后一行）。

以变异系数客观赋权方法为例，说明通过该种赋权方法的信用评级结果的违约鉴别能力，即该方法对应的贴近度C的计算。

将表5-1"3 045笔标准化值 x_{ij}"一栏的 x_{ij}，表5-5第3列的变异系数法权重 w_i^1，以及信用风险评价指标体系中的指标个数n=16带入式（5-18），计算基于变异系数法赋权的综合评级结果，并用向量表示为 Z^1=（0.258，…，0.585，0.179，…，0.479），上述评级结果 Z^1 是按照先非违约客户、后违约客户的顺序进行排序的。

表 5-5　　　　　　　　**基于违约鉴别能力最强的最优权重**

（1）序号	（2）指标	（3）变异系数法权重 w_i^1	（4）熵权法权重 w_i^2	（5）均方差法权重 w_i^3	（6）Wilks' Lambda法权重 w_i^4	（7）ROC曲线权重 w_i^5
1	X_2流动负债经营活动净现金流比率	0.030	0.010	0.030	0.017	0.056
…	…	…	…	…	…	…
6	X_{48}留存收益增长率	0.034	0.019	0.034	0.007	0.052
7	X_{52}居民消费价格指数	0.006	0.054	0.013	0.237	0.061
…	…	…	…	…	…	…
10	X_{55}相关行业的从业年限	0.060	0.157	0.099	0.057	0.066
…	…	…	…	…	…	…
13	X_{68}企业负责人的居住状况	0.105	0.001	0.137	0.027	0.060
…	…	…	…	…	…	…
16	X_{81}抵押、质押、担保得分	0.080	0.080	0.095	0.034	0.066
17	贴近度 C_t	0.496	0.486	0.576	0.703	0.580

将评级结果 Z^t＝（0.258，…，0.585，0.179，…，0.479）与正理想点 Z^+＝$\{z_j^+\}$＝$\{1，…，1，0，…，0\}$，以及小企业数 m＝3 045 带入式（5-19），计算评级结果与正理想点的欧式距离 D^+＝28.541。

同理将评级结果 Z^t＝（0.258，…，0.585，0.179，…，0.479）与负理想点 Z^-＝$\{z_j^-\}$＝$\{0，…，0，1，…，1\}$，以及小企业数 m＝3 045 带入式（5-20），计算评级结果与负理想点的欧式距离 D^-＝28.051。

将计算的 D^+＝28.541 及 D^-＝28.051 带入式（5-21），得到基于变异系数法赋权的贴近度：

C_1＝28.051÷（28.051+28.541）＝0.496，将结果列入表 5-5 最后一行第 3 列。

同理计算其他赋权方法的贴近度 C_t，列入表 5-5 最后一行的相应列。

根据最优赋权方法的确定可知,贴近度最大的赋权方法最优。从表5-5第18行可知,第6列对应的Wilks'Lambda判别法的客观赋权方法的贴近度C_4=0.703最大,所以该赋权方法最优。

综上所述,Wilks'Lambda判别法的客观赋权方法最适用于信用风险评级。

5.6.5 权重分析及评价模型的确定

(1)信用风险评价指标的权重分析

通过5.6.4的分析可知,在几种赋权方法中,Wilks'Lambda判别法的客观赋权方法最优,最适用于信用风险评级,分别将表5-5第2列的指标和第6列的Wilks'Lambda法权重w_i^4列入表5-6第2~3列。

将表5-6第3列第2~7行的财务指标权重相加,得到的财务指标权重之和为0.113,列入表5-6第4列第2行。将表5-6第3列第8~17行的非财务指标权重相加,得到的非财务指标权重之和为0.887,列入表5-6第4列第3行。因此,在小企业信用风险评级过程中,非财务因素比财务因素更重要。

表5-6　　　　　　　　　　　　最优权重分析

(1) 序号	(2)指标	(3)Wilks'Lambda 法权重w_i^4	(4)权重之和
1	X_2流动负债经营活动净现金流比率	0.017	财务指标权重 之和0.113
…	…	…	
6	X_{48}留存收益增长率	0.007	
7	X_{52}居民消费价格指数	0.237	非财务指标权重 之和0.887
…	…	…	
13	X_{68}企业负责人的居住状况	0.027	
…	…	…	
16	X_{81}抵押、质押、担保得分	0.034	

（2）信用风险评价模型的确定

将表5-6第3列的指标权重 w_i^4 代入式（5-20），得到信用评价方程为：

$$P_j=100\times(0.017x_{1j}+\cdots+0.007x_{6j}+\cdots+0.034x_{16j})\qquad(5\text{-}22)$$

式（5-22）就是最终建立的小企业信用风险评价模型。

将表5-1中的16个指标对应的标准化数据 x_{1j} 代入式（5-22），得到"企业1"的得分 P_1：

$$P_1=100\times(0.017\times0.472+\cdots+0.034\times0.669)=53.212$$

将结果列于表5-1第19行第3列。同理，将计算得到的其他3 044个客户的信用评分结果列于表5-1第19行的其他列。

5.7 本章结论

（1）主要结论

本章根据指标权重确定小企业信用风险评价方程，主要包括两点：

一是通过对比基于信息含量的客观赋权法中的熵权法、变异系数法及均方差法，以及基于违约鉴别能力的客观赋权法中的Wilks'Lambda法及ROC曲线赋权法，发现Wilks'Lambda赋权法的贴近度值C=0.703，在这几种赋权方法中其违约鉴别能力最强，因此Wilks'Lambda赋权法最适合用于信用风险评级。

二是以中国某商业银行的3 045笔小企业贷款数据为样本的实证结果表明，小企业财务因素、非财务因素权重比为0.113：0.887，即非财务因素对小企业信用风险的影响更为重要。

（2）主要创新

本章的主要创新点是在几种赋权方法中，如何遴选出一种最优的、最适用于信用风险评级的赋权方法。

根据客户信用评分与正、负理想点的距离构建反映评级结果违约鉴别能力的贴近度C，若违约客户的信用评分越接近最差值0，非违约客户的信用评分越接近最优值1，则贴近度C越大，相应的赋权方法越能在最大程度上区分违约客户与非违约客户，进而在不同的赋权方法中遴选出贴近度最大、违约鉴别能力最强的一种，确保违约客户的评分低、非违约客户的评分高，不仅能避免现有评级结果不能有效区分违约客户与非违约客户，使得二者存在大量重叠的不足；而且能避免现有研究随机主观选择赋权方法，没有与评价目的相联系的不足。

（3）主要特色

本章的主要特色在于使指标权重如实反映指标的违约鉴别能力，即指标的违约鉴别能力越强，权重越大。

本章根据违约客户和非违约客户两组之间数据差异越大、组内数据差异越小，指标的 Wilks'Lambda 值 Λ_j 越小，χ^2 统计量值越大，该指标对违约客户与非违约客户的区分能力就越强，指标的权重就越大的思路对指标进行赋权，从而能够保证赋权结果满足指标违约鉴别能力越强、权重越大的要求，弥补了现有赋权方法与违约鉴别能力无关的不足。

6 基于违约金字塔和信用分数聚类的信用等级划分模型

6.1 内容提要

信用风险评级对当代社会有极其重要的影响。如果不能对信用等级进行科学划分，那么信用风险评级结果将会给社会公众带来误导。信用风险评级是企业在资本市场上开展融资活动的身份证明，如果评级结果不准确，不仅会影响企业的融资渠道、融资规模和融资成本，而且会关系到企业在社会上的形象，还会影响企业的生存与发展。信用风险评级的对象不仅包括国家主权的评级、企业的评级，还包括个人的信用风险评级。信用风险评级结果的变动在一定程度上能够反映当今经济状态的变化。例如，2011年美国标准普尔就发生了变动国家主权信用风险评级结果的现象，将美国国家主权信用等级下调一个等级，从 AAA 等级降低为 AA+等级。美国国家主权信用等级被下调一个等级就导致全世界股市的股价损失了 25 000 亿美元，从而造成了全球金融市场的动荡。

信用风险评级的本质是合理区分不同信用状况的客户，揭示不同等级客户的信用风险水平。国际上比较流行的标准普尔、穆迪的信用风险评级大都是针对国家主权进行评级，即使是针对企业的信用风险评级，也是针对大中型企业，并不适用于小企业的信用风险评级。

基于违约金字塔标准和信用分数聚类准则的信用等级划分模型是以违约金字塔标准和信用分数聚类标准为准则，通过构建数学规划模型对贷款客户的信用等级进行最优划分，不仅能保证信用等级划分结果满足相同等级不同客户的信用状况大致相近的要求，而且能保证信用等级划分结果满足信用等级与违约损失率呈反向关系的要求，即"信用等级高的客户违约损失率低，信用等级低的客户的违约损失率高"。

本章是在第4章建立的小企业信用风险评价指标体系，第5章确定的评价指标权重并建立的信用风险评价模型的基础上，通过对贷款客户的信用等级进行合理划分，并进一步挖掘不同等级客户的违约损失率，为贷款定价提供违约风险溢价参数，使得定价结果更准确。

本章的主要工作包括构建信用等级划分模型，以及挖掘不同信用等级贷款客户的违约损失率两个方面，具体为：一是建立了基于违约金字塔和信用分数聚类的信用等级划分模型。以每一信用等级内全部客户的组内离差最小为目标函数，以信用等级由高到低的违约损失率严格递增为约束条件，建立信用等级划分模型。二是对小企业的贷款客户进行信用等级划分。以中国某商业银行的3 045笔小企业贷款数据为实证样本的研究结果表明，本书的信用等级划分方法不仅满足信用等级与违约损失率呈反向关系的要求，而且保证信用状况越相似的客户越容易划分为同一等级，从而避免了信用评分区间过大的不合理现象。

6.2 基于违约金字塔和信用分数聚类的信用等级划分原理

6.2.1 问题的提出

信用风险评级的本质是根据客户信用状况对客户进行等级划分，揭示不同等级客户的信用风险水平,进而挖掘出不同信用等级贷款客户的违约损失率。

在理论上,根据经济学一般规则,风险和收益是相对应的,即"高风险、高收益;低风险、低收益"。违约损失率是衡量违约风险的重要参数,违约损失率的挖掘是为银行贷款、衍生品等金融产品进行定价的基础,因此,在进行信用等级划分、违约风险参数挖掘时,必须要满足信用等级与违约损失率呈反向关系的违约金字塔标准,即信用等级高的客户违约损失率低,信用等级低的客户的违约损失率高,否则将会导致在贷款定价中对信用状况差、违约风险大的客户反而给予较低利率的不合理现象的出现。

现有的评级体系并不适用于小企业,具体为:

一是现有标准普尔、穆迪等经典评级机构的信用风险评价指标体系,其评价指标及其算法都是不对外公开的,亟待有一套公众都能够使用的信用风险评价指标体系。

二是银行使用标准普尔、穆迪等机构的零散的指标进行等级划分,往往存在信用等级越高、违约损失率反而不低的不合理现象。

三是即使标准普尔等评级机构的评级体系是公开的,对中国的企业也未必适用,因为标准普尔等机构的评级对象是美国的企业。

四是标准普尔、穆迪等机构的评级对象主要是债券、国家主权、大中型企业,并不适用财务信息不健全的小企业。

综上,我们迫切需要一套合理的信用风险评级方法,以适应动态变化的企业违约状况。应选择违约金字塔标准作为信用风险评级方法的标准,因此,合理的信用等级划分是信用风险评级的关键。

6.2.2 信用等级划分的研究意义

(1)理论意义

本书根据"信用等级与违约损失率相匹配"的思路,以信用等级与违约损失率呈反向关系的违约金字塔标准作为等级划分标准,改变现有研究随着信用等级的升高、违约损失率不降反升的不合理现象,从而开拓信用等级划分的新思路。

（2）实践意义

满足违约金字塔标准和信用分数聚类准则的信用风险评价指标体系，一是能够使金融机构在对金融资产进行定价时清楚地知道每一个信用等级的违约损失率，并根据违约损失率越大、贷款或金融资产定价越高的金融学原理进行定价；二是保证将信用状况相似的客户划分为相同的信用等级，避免将信用状况相似的客户错误划分为不同信用等级，这种错误划分势必会对投资者和社会公众发出错误的投资决策信号。

6.2.3　划分信用等级的三个准则

（1）违约损失率准则

违约损失率准则是指如何提取没有披露、寻找困难的违约损失率，进而以违约损失率为标准进行信用等级划分。

现有信用等级划分大都是以违约概率P为标准，而通过违约概率对信用等级划分的准确性有待考量，例如，企业A借款100亿元并且违约未偿还，企业B借款1亿元已经全额偿还，如果按照违约概率p=1÷（1+1）=0.5，并不能准确衡量银行的违约损失。违约损失率能够解决该问题，假设贷款利率是10%，贷款期限是1年，违约损失率就是［（100×（1+10%）+1×（1+10%）-1］÷［（100×（1+10%）+1×（1+10%）］×100%=99.1%，即银行的实际损失除以银行的本和。实际上，商业银行掌握的就是每一笔贷款的应收未收本息，以及实收本息，从而为违约损失率的准确计算提供了基础。

（2）违约金字塔准则

违约金字塔准则是指将信用风险较低的客户划分为较高的信用等级，对应较低的违约损失率；反之，将信用风险较高的客户划分为较低的信用等级，对应较高的违约损失率。

在信用等级划分的过程中，如果不能满足信用等级与违约损失率呈反向关系的标准，会导致信用状况差的客户对应较低的违约损失率，即信用状况差的客户反而能以较低的价格获得银行贷款，从而违背了风险与收益成正比的经济学一般规律。

（3）信用分数聚类准则

信用分数聚类准则是指信用评分越相近，即信用状况越相似的客户，越应该聚为一类，即在信用等级划分过程中越应划为同一等级。

在信用等级划分过程中，如果不能满足信用评分越相近的客户越能划为同一信用等级的标准，必然会导致信用评分相近甚至相同的客户被错划为不同信用等级的逻辑混乱。

6.2.4　问题的难点及解决思路

（1）问题的难点

难点1：如何设置一定的算法和规则对信用等级进行划分及调整，避免无穷多次、顾此失彼的随机划分及调整。

对于成千上万个客户，信用等级的划分是无穷的，因为每一个客户都可能违约或不违约，每一个信用等级都要包括违约客户和非违约客户。对于成千上万个客户，根据客户信用状况划分为9个信用等级，会有无穷的、顾此失彼的划分及调整方法，主要原因包括以下两个方面：

一是对任意相邻两个信用等级临界点的调整，必然会引起这两个相邻等级客户数的增加或减少，而增加或减少的客户数可能都违约或都不违约，也可能部分违约；二是一个信用等级的违约损失率是由该等级内所有客户应收本息和未收本息的非线性叠加。因此，若要某一信用等级违约损失率发生变化，需要不断调整该等级的客户数，该等级客户数的变化必然引起相邻等级客户数的变化，客户数的变化会导致该等级违约损失率发生变化，进而引起其他相邻信用等级的违约损失率也发生变化。根据数轴上任意两点间的有理数是无穷多的简单道理，仅仅通过人工试凑，甚至计算机随机调整都是不可能完成的，因而需要设置一定的算法及规则对客户进行信用等级划分。

难点2：满足金字塔标准的信用等级划分方法也有无穷多种，如何确定哪种划分方法更能保证信用状况相似的客户越容易被划分为同一信用等级。

对于成千上万个客户，根据信用等级从高到低违约损失率严格递增的金字塔标准划分为9个信用等级，也将会有若干种划分方法。如何保证信用等级划分结果满足信用状况相似的客户被划分为同一信用等级,避免将信用状况相同或者相似的客户划分为不同信用等级的不合理现象。

（2）解决难点的思路

思路1：设置违约金字塔准则。

以下一个等级的违约损失率大于上一个等级的违约损失率为约束条件，建立非线性规划模型对贷款客户进行等级划分，使得信用等级划分结果满足信用等级与违约损失率呈反向关系，即"信用等级高的客户违约损失率低，信用等级低的客户的违约损失率高"的金字塔准则。解决难点1。

思路2：设置信用分数聚类准则。

以每一信用等级内全部客户的组内离差最小为非线性规划模型的目标函数，保证信用评分越相近，即信用状况越相似的客户越容易被划分为同一个信用等级（聚为一类）。解决难点1和难点2。

基于违约金字塔准则和信用分数聚类准则的信用等级划分原理如图6-1所示。

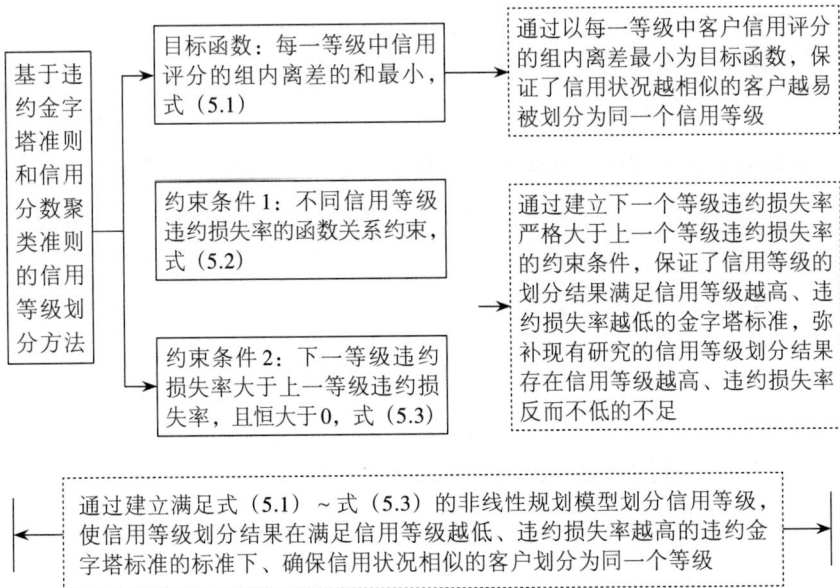

图6-1 基于违约金字塔准则和信用分数聚类准则的信用等级划分原理

6.3 基于违约金字塔和信用分数聚类的信用等级划分模型

6.3.1 目标函数的建立

本书根据信用评分越相近的客户越应聚为一类，即划分为同一个信用等级的思路，以每一等级内所有客户信用评分的组内离差最小为目标函数建立信用等级划分模型，即每一等级内所有客户的信用评分与该等级内全部客户的平均信用评分的差距最小。

设：B_k 为第 k 个信用等级所有客户的集合（k=1，2，…，K），K 为等级划分数目，在一般情况下，K=9，m_k 为第 k 个等级的客户数，是决策变量，S_i 为第 i 个贷款客户的信用得分，则目标函数 f 为：

$$\min f = \sum_{k=1}^{K} \sum_{i \in B_k} \left(S_i - \frac{1}{m_k} \sum_{i=1}^{m_k} S_i \right)^2 \qquad (6-1)$$

式（6-1）的含义：表示全部 K 个信用等级都能满足每个等级内部的客户信用状况相似，满足信用得分越相近的客户越容易被划分为同一信用等级的标准。

式（6-1）建立的依据是信用分数聚类准则，若两个客户的信用评分越相近，这两个客户的信用状况越相似，越应聚为一类，即被划分为同一信用等级。

式（6-1）的特色：以每一信用等级内全部客户的组内离差最小为目标函数建立优化模型，从而保证了信用评分越相近的客户越容易被划分为同一信用等级，避免了将信用状况相似的客户划分为不同信用等级的逻辑混乱。

6.3.2 违约损失率等式约束的建立

（1）违约损失率的定义

如前所述，违约损失率是贷款的违约损失占该笔贷款的比例，即在贷款到期日，该笔贷款应收未收的本金和利息之和占该笔贷款全部本金与利息之和的比例，从而真实地反映了贷款损失情况。

（2）某一信用等级违约损失率的定义

某一信用等级的违约损失率的计算方式与单一客户的违约损失率的计算方式一致，即等于这一信用等级内所有贷款客户的应收未收本息之和与该等级内所有贷款客户应收本息之和的比值。

设：LGD_k 为第 k 个信用等级的违约损失率，L_{ik} 为第 k 个等级的第 i 个客户的应收未收本息，R_{ik} 为第 k 个等级的第 i 个客户的应收本息，m_k 为第 k 个等级的客户数，是决策变量，则：

$$LGD_k = \sum_{i=1}^{m_k} L_{ik} / \sum_{i=1}^{m_k} R_{ik} \tag{6-2}$$

式（6-2）的含义：通过一个等级内所有贷款客户的应收未收本息之和 $\sum L_{ik}$ 与该等级内所有贷款客户应收本息之和 $\sum R_{ik}$ 的比值，确定某一信用等级客户对应的平均违约损失率，以确保计算的违约损失率真实反映商业银行的实际损失，即违约损失率乘以全部贷款额度就是银行的实际损失，从而弥补了现有研究主要关注客户违约的可能性，即违约的概率，忽略客户违约给银行带来的实际损失，即违约损失率这一参数的不足。

（3）与违约概率相比，按照违约损失率进行等级划分的优点

违约损失率是根据已经发放的贷款的实际偿还情况反映客户违约给银行造成的实际损失。如果能准确挖掘出不同信用等级客户的违约损失率，那么只要知道贷款客户的贷款额度，就可以推算出该客户的违约损失。

如前所述，流行文献中的 JP 摩根建立的 Credit Metrics 信用计量模型，以及波士顿银行建立的 Credit Risk+ 的违约概率测量模型，都是以违约概率为标准进行信用等级划分。

实际上，根据违约概率和违约损失率进行信用等级划分实质上是不一样的。违约概率反映的是客户在未来一段时间内不能如期或如额偿还债务的可能性，但是不能测算某一笔债务的实际损失；而违约损失率是根据已经发放的贷款的实际偿还情况反映客户违约给银行造成的实际损失。因此，以违约概率为标准进行信用等级划分，会导致信用等级高的

客户的违约损失率反而不低的不合理现象产生。

6.3.3 违约损失率不等式约束的建立

为保证信用等级划分结果满足金字塔准则，本书建立下一个信用等级的违约损失率严格大于上一个信用等级的违约损失率的约束条件：

$$0 < LGD_1 < LGD_2 < \cdots < LGD_k \leq 1 \tag{6-3}$$

设：LGD_k为第K个信用等级的违约损失率。

式（6-3）的含义：通过式（6-3）中随信用等级从高到低变化，即从1到K等级的变化，违约损失率从低到高相应地发生变化，即信用等级与违约损失率成反向变化关系，通过该约束条件的建立，能够保证划分结果满足信用等级高的客户违约损失率低，信用等级低的客户的违约损失率高的标准。违约金字塔准则是信用风险评级的本质要求。

式（6-3）中大于0、小于等于1约束的原因分析：违约损失率反映的是银行实际发放一笔贷款可能给自身带来的损失，也可以理解为银行为这笔贷款承担的风险。实际上，只有国债是无风险的，因为国债是以国家信用做担保，只要国家不破产，对国债而言违约损失率就是0。但是对于银行的贷款，特别是商业银行针对小企业的贷款不可能同国债一样是无风险的，因此需要设置违约损失率大于0的约束。当一个等级贷款的违约损失率等于1时，表示该等级客户存在100%违约。

式（6-3）的特色：以违约损失率严格递增为约束条件，建立信用等级划分的非线性规划模型，使信用等级划分结果满足"信用等级与违约损失率之间呈反向关系"。

对全部贷款客户按照信用得分从高到低进行排序，以式（6-1）中的每一等级内客户信用得分的组内离差最小为目标函数，以式（6-3）中的下一个信用等级的违约损失率大于上一个信用等级的违约损失率严格递增为约束条件，建立非线性规划模型求解每一个信用等级的贷款客户数n_k。

6.4　模型的求解

6.4.1　AAA等级样本数的确定

仿照标准普尔、穆迪等经典评级机构的信用等级划分，本书将贷款客户划分为AAA、AA、A、BBB、BB、B、CCC、CC和C这9个信用等级。

本书为了合理划分出信用等级与违约损失率呈反向关系的信用风险评级结果，首先要对贷款客户按照信用评分从高到低进行排序，并对排序后的客户按照1，2，3，…，m的顺序进行编号，其中m是总样本数。

如前所述，对于银行的贷款，特别是商业银行的小企业贷款不可能与国债一样是无风险的，因此需要设置违约损失率大于0的约束，也就是说，在AAA等级中至少需要包括1笔违约样本，才能确保该信用等级的违约损失率大于0，所以AAA等级样本数的最小值是"第一个违约样本的序号"。

同理可知，在其他8个信用等级中至少也需要包括1笔违约样本，对于按照信用评分从高到低排序后的所有贷款客户，倒数第8个及之后的贷款客户不可能属于AAA等级，如若不然，会导致有的等级中全部是非违约客户，不包括违约客户，也就等同于该等级的违约损失率为0，与约束条件矛盾。因此，AAA等级样本数的最大值是"违约样本总数−8+1"，即其他8个信用等级至少包括1个违约客户，也等同于倒数第8个违约样本不可能属于AAA等级，因此AAA等级样本数的最大值是"倒数第8个违约样本的序号−1"。

为了便于理解，以实证研究的数据为例，实证是对3 045个贷款客户的信用等级进行划分。将实证部分表6-2中的3 045笔贷款客户的应收未收本息 L_{ik}、应收本息 R_{ik}、信用评分 S_i 的数据列入表6-1的第2~4列。其中3 045笔贷款数据是按照信用评分从高到低排序后的结果。表6-1第1列的序号恰好也是3 045笔贷款数据按照信用评分从高到低的排序。

按照信用评分从高到低排序后，第1笔违约样本的序号是1 006；一共有50笔违约样本，第43笔违约样本，即倒数第8笔违约样本序号是3 036，因此AAA等级样本数m_1的取值区间满足1 006≤m_1≤3 036−1=3 035。

表6-1   等级样本数的确定

（1）客户编号i	（2）应收未收本息L_{ik}（元）	（3）应收本息R_{ik}（元）	（4）信用评分S_i	（5）违约损失率LGD（%）
1	0	3 154 242	100	
…	…	…	…	
1 006	3 784 390	4 013 523	84.329	0.097
1 007	0	5 430 980	84.324	
…	…	…	…	
1 585	29 855 947	32 340 576	81.012	
1 586	0	10 633	81.006	0.713
…	…	…	…	
1 597	0	27 359	80.883	
…	…	…	…	…
3 036	8 478 409	8 712 062	48.865	…
	…	…	…	…

6.4.2　局部最优解的确定

以AAA等级样本数m_1=1 006为例，说明局部最优解的求解过程。

当AAA等级样本数m_1=1 006时，将表6-1第2到1 007行第2～3列的应收未收本息L_{ik}和应收本息R_{ik}带入式（6-2），得到AAA等级的违约损失率LGD_{AAA}=0.097%。

此时，确定 AA 等级的样本数。如前所述，AA 等级至少含有一个违约样本，在序号 1 006 之后出现的第 1 笔违约样本序号是 1 585，将表 6-1 第 1 007～1 586 行第 2～3 列的应收未收本息 L_{ik} 和应收本息 R_{ik} 带入式（6-2），得到 AA 等级的违约损失率 $LGD_{AA}=0.72149\%$，大于 $LGD_{AAA}=0.097\%$，因此满足式（6-3）的违约损失率严格递增约束，此时 $m_2=$ 1 585-1 006=579。

应该指出，m_2 的数目是不确定的，可以有多个，只要 m_2 对应的样本满足 $LGD_{AAA} < LGD_{AA}$ 即可。例如 $m_2=579+1=580$ 时，仿照上述违约损失率的计算，可以确定 AA 等级的违约损失率 $LGD_{AA}=0.72148\%$，满足 $LGD_{AAA} < LGD_{AA}$，因此，$m_2=580$ 也是一种 AA 等级的划分结果。

为了避免遗漏可行解，每次通过增加 1 个样本的思路确定 AA 等级的样本数，只要满足 $LGD_{AAA} < LGD_{AA}$ 关系的都可能是一种等级划分形式。

仿照上述 AA 等级样本数 m_2 的确定，A 等级至少含有一个违约样本，并且确定所有满足 AA 等级的违约损失率 LGD_{AA} 小于 A 等级的违约损失率 LGD_A 的划分方法，即确定满足 $LGD_{AA} < LGD_A$ 关系的样本数 m_3。

同理，m_3 的取值也是不唯一的。

以此类推，可以确定 BBB，…，C 等其他信用等级的样本数 m_k 及违约损失率值 LGD_{Bj}，9 个信用等级的违约损失率只要满足式（6-2）的不等式关系就是 组可行解。

由于不同等级样本数 m_j 的取值都不是唯一的，因此对应的满足式（6-2）不等式约束的解是多组的，不是唯一的。根据每一组可行解的样本数 m_j，可以确定每一个等级是由哪些样本构成，进而可以将这些样本的信用评分 S 带入式（6-1），从而确定每一组可行解对应的目标函数值 f，选择目标函数值最小的那一组可行解，即为在第一个等级样本数 $m_1=1$ 006 条件下的局部最优解。

局部最优解的求解过程可以通过 Matlab 软件编程实现：只要给定 AAA 等级样本数 m_1、应收未收本息 L_{ik} 和应收本息 R_{ik} 数据，即可求解出满足式（6-1）～式（6-3）的一组局部最优解。局部最优解的 Matlab 源代码如下：

```
"function fun (first_level, num_level)
format long g, shuju=xlsread ('1814.xls', 'Sheet1', 'A2: C1815');
format long g, yingshou=shuju (:, 1);
format long g, weishou=shuju (:, 2);
format long g, defen=shuju (:, 3);
N=length (shuju (:, 1) );
split_level=zeros (num_level, 1);
lgd=zeros (num_level, 1);
max_object=18140000;
split_level (1) =first_level;
for i=1: num_level-2
    split_level (i+1) =split_level (i) +1;
end
split_level (num_level) =N;
lgd (1) =sum (weishou (1: first_level) ) /sum (yingshou (1: first_level) );
k=2;
while k>1
    if k==num_level
lgd (k) =sum (weishou (split_level (k-1) +1: split_level (k) ) ) /
sum (yingshou (split_level (k-1) +1: split_level (k) ) );
        for i=1: num_level-1
            if lgd (i) >0 && lgd (i) <lgd (i+1)
                continue;
            else
                k=k-1;
                break;
            end
        end
        if k==num_level
        sum_score=0;
```

```
        for i=1: num_level
            if i==1
sum_score=sum_score + var （defen （1: split_level （1））） *
（split_level （1） -1）;
            else
sum_score=sum_score+var （defen （split_level （i-1）: split_level （i）））
* （split_level （i） -split_level （i-1） -1）;
            end
        end
        if sum_score<max_object
            max_object=sum_score;
            result_set=xlsread （'1814.xls', 'Sheet2'）;
            row_num=size （result_set, 1）;
xlswrite （'1814.xls', num_level, 'Sheet2', ['A', num2str （row_num+2） ] ）;
xlswrite （'1814.xls', max_object, 'Sheet2', ['B', num2str （row_num+2） ] ）;
            a=zeros （1, 9）;
            b=zeros （1, 9）;
            for i=1: num_level
                a （i） =split_level （i）;
                b （i） -lgd （i）;
            end
xlswrite （'1814.xls', a, 'Sheet2', ['C', num2str （row_num+2）, ': ', '
K', num2str （row_num+2） ] ）;
xlswrite （'1814.xls', b, 'Sheet2', ['L', num2str （row_num+2）, ': ',
'T', num2str （row_num+2） ] ）;
        end
        k=k-1;
        continue;
    end
end
```

```
        split_level（k）=split_level（k）+1；
        if split_level（k）>=N-1；
            split_level（k）=split_level（k-1）；
            k=k-1；
            continue；
        end
        if k==1
lgd（k）=sum（weishou（1：split_level（k）））/sum（yingshou
（1：split_level（k）））；
        else
lgd（k）=sum（weishou（split_level（k-1）+1：split_level（k）））/
sum（yingshou（split_level（k-1）+1：split_level（k）））；
        end
        if k==2 && lgd（k-1）>0 && lgd（k）>lgd（k-1）
            k=k+1；
            continue；
        elseif k==1
            k=k+1；
            continue；
        elseif k>2 && lgd（k-1）>0 && lgd（k）>lgd（k-1）
            k=k+1；
            continue；
        else
            continue；
        end
end"
```

6.4.3 全局最优解的确定

由6.4.2可知，给定 AAA 等级样本数 m_1，重复6.4.2的局部最优解求解过程，可以确定一个局部最优解。

由6.4.1可知，AAA等级样本数m_1的取值区间是［第一个违约样本序号，违约样本总数-8+1］。在该区间内，任意确定一个m_1，参考6.4.2中局部最优解的求解过程，都能确定一个局部最优解。

不同的AAA等级样本数m_1的取值，对应不同的局部最优解。通过比较众多局部最优解对应的目标函数值f的大小确定全局最优解，即目标函数值最小值对应的局部最优解。

6.5　小企业信用等级的划分

6.5.1　实证数据及来源

进行信用等级划分所需要的数据来源有两类：

第一类是本书计算的信用评分S_i；信用评分S_i数据来源于表5-1第19行，为了表述方便将信用评分数据列入表6-2第4列，并按照信用评分S_i从高到低进行排序。

第二类是从银行的信贷管理系统中获取的实际贷款数据，这些数据主要包括两列，即每一笔贷款对应的应收未收本息L_{ik}应收本息R_{ik}的数据，并将这两列数据列入表6-2第2～3列。

6.5.2　非线性规划模型的建立

将表6-2第2～4列的应收未收本息L_{ik}、应收本息R_{ik}，以及信用评分S_i数据带入式（6-1）～式（6-3）所示的非线性规划模型，进而确定该模型的最优解。

由于每一个信用等级的样本数目取值都不是唯一的，都具有多种可能性，因此每一个信用等级的违约损失率LGD_k、每一个等级的样本信用评分的均值也具有多种情形，这将导致我们不能用一个具体的数学公式来表示出式（6-1）所示的目标函数的具体形式，但是将表6-2第2～4列的数据带入式（6-1）～式（6-3）后，再通过6.4.2中提供的Matlab源代码一定可以求解出信用等级划分模型的一个全局最优解。

表6-2

小企业贷款数据及违约损失率

(1) 客户编号	(2) 应收未收本息 L_{ik}	(3) 应收本息 R_{ik}	(4) 信用评分 S_i	(5) 区间内样本数 m_k	(6) 信用等级 j		(7) 评分区间	(8) 评分区间长度	(9) 违约损失率 LGD_k (%)
1	0	3 154 242	100						
...	...	...	...	1 006	1	AAA	84.329≤S≤100	15.671	0.097
1 006	3 784 390	4 013 523	84.329						
1 007	0	5 430 980	84.324						
...	...	...	...	591	2	AA	80.883≤S<84.329	3.446	0.713
1 597	0	27 359	80.883						
...	...	...	...	...	...	...	...	...	...
2 938	0	2 918 368	59.382						
...	...	...	...	79	6	B	54.219≤S≤59.446	5.227	18.229
3 016	0	10 114 000	54.219						
...	...	...	...	...	...	...	...	...	...
3 044	255 343	255 343	0						
3 045	78 905	78 905	0	2	9	C	S=0	—	100

6.5.3 局部最优解的确定

（1）AAA等级样本数的确定

根据6.4.1中 AAA 等级样本数的确定可知，AAA 等级样本数的最小值是"第一个违约样本的序号"；AAA 等级样本数的最大值是"违约样本总数-8+1"，也等同于"倒数第8个违约样本的序号-1"。根据表6-2第1列的客户编号、第2列的应收未收本息 L_{ik} 可知，第1笔违约样本序号为1 006，一共有50笔违约样本，第43笔违约样本，即倒数第8笔违约样本序号是3 036，因此 AAA 等级样本数 m_1 的取值区间是[1 006，3 035]。

下面以 AAA 等级样本数 m_1=1 006为例，说明局部最优解的求解。

（2）当 m_1=1 006时的可行解

根据6.4.2中局部最优的求解过程，在 AAA 等级样本数 m_1=1 006的情况下，可得513组可行解：这513组可行解对应的样本数为（1 006，$m_2^{(i)}$，…，$m_9^{(i)}$）^{T}，这513组可行解对应的违约损失率为（0.097%，$LGD_2^{(i)}$，…，$LGD_9^{(i)}$）^{T}；i=1，2，…，513。

（3）m_1=1 006时的局部最优解

根据（2）求得的513组可行解对应的样本数（1 006，$m_2^{(i)}$，…，$m_9^{(i)}$）^{T}，可以确定每组可行解对应的样本数下，不同信用等级对应的样本的信用评分 S，以及每一个信用等级中的信用评分的均值 $\bar{S}_{B_j}$，全部3 045笔贷款数据对应的信用评分的均值 $\bar{S}$，进而求解出每一组可行解下的目标函数值 f_i，共有513组可行解，也就是有513个目标函数值 f_i。

这513个目标函数值中最小的一个目标函数值对应的可行解，就是在 AAA 等级样本数 m_1=1 006条件下的最优解，即局部最优解，见表6-2第5~9列。

6.5.4 全局最优解的计算

不同的 AAA 等级样本数 m_1 的取值，对应不同的局部最优解。通过比较众多局部最优解对应的目标函数值 f 的大小确定全局最优解，即目标函数值最小值对应的局部最优解为全局最优解。

由 6.5.3 的分析可知，AAA 等级样本数的最小值是"第一个违约样本的序号"；AAA 等级样本数的最大值是"违约样本总数−8+1"，也等同于"倒数第 8 个违约样本的序号−1"。根据表 6-2 第 1 列的客户编号、第 2 列的应收未收本息 L_{ik} 可知，AAA 等级样本数 m_1 的取值区间是 [1 006，3 035]。

对于区间 [1 006，3 035] 内任意一个正整数都可以作为 m_1 的取值，在确定不同的 m_1 取值的条件下，重复 6.5.3 局部最优解的确定过程，可得在 AAA 等级样本数是 m_1 的情况下的最优解和目标函数值，见表 6-3 不同列。

表 6-3　　　　　　　　　　**局部最优解的确定**

（1）序号	（2）信用等级	（3）初值 m_1=1 006		...	（1 797）初值 m_1=2 800	...	（1 992）初值 m_1=2 995	
		样本数	...	...	LGD（%）	...	样本数	LGD（%）
1	AAA	1 006	...	...	1.709	...	2 995	1.959
2	AA	591	...	...	2.120	...	5	23.244
...	...	...	...	...	...	...	...	...
6	B	79	...	...	26.977	...	3	38.898
...	...	...	...	...	...	...	...	...
9	C	2	...	...	100	...	2	100
10	目标函数值	25 185.2	...	...	112 198.9	...	181 812.0	

在不同的 m_1 取值情况下，将信用等级划分结果中的 9 个等级的样本数，以及相应信用等级的违约损失率分别列入表 6-3 第 2～10 行的相应列，并将每个初值 m_1 对应的目标函数值列入表 6-3 第 11 行的相应列。

需要指出，虽然 m_1 的取值区间是 [1 006，3 035]，但当 m_1 取值大于等于2 995时，就不存在可行解，这是由于违约样本个数过少，也就是说m_1的最大取值是2 995。

由表6-3第11行可知，在1 989个局部最优解中，目标函数最小值为25 185.2。与目标函数最小值25 185.2对应的AAA等级的样本数满足m_1=1 006，即当m_1=1 006时的局部最优解就是全局最优解，表6-3第3列中的9个等级的样本数及违约损失率的结果就是最优的信用等级划分结果。

6.5.5　信用等级划分结果及分析

将表6-3第3列的全局最优解的划分结果列入表6-2第5～9列，其中第5列是9个信用等级对应的样本数；第6列是9个信用等级的分类，分别记为AAA、AA、A、BBB、BB、B、CCC、CC和C；第7列是评分区间，以AAA等级评分区间的确定为例说明评分区间的确定方式：AAA等级最后一个样本是第1 006个样本，其信用评分是84.329，所以AAA等级的信用评分区间是［84.329，100］。再如，AA等级最后一个样本序号是1 597，该样本对应的信用评分是80.883，因此AA等级信用评分区间是［80.883，84.329）。同理可以确定其他等级的信用评分区间，结果列入表6-2第7列相应行。

应该指出，在确定信用评分区间时，要采用每一个信用等级的最后一个样本的评分作为临界值，从而避免最终确定的信用评分区间不连续。

表6-2第8列的评分区间长度等于第7列评分区间右端点值与左端点值的差。

将表6-2第6列的信用等级及第9列的每个等级的违约损失率LGD以图的形式给出，如图6-2所示。其中，图内每一横线的长度代表了相应信用等级违约损失率的大小。

从表6-2第9列的违约损失率数值可以看出，随着信用等级从AAA，AA，…，C逐渐越低、每个等级违约损失率从0.097%，0.713%，…，100%逐渐升高，从而满足信用等级与违约损失率呈反向关系的金字塔标准。

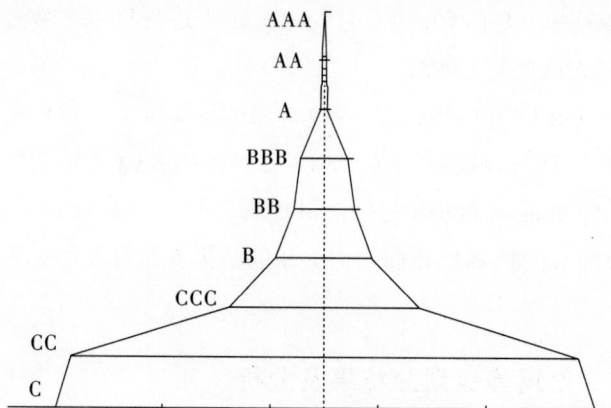

图 6-2 信用等级的划分结果

从表 6-2 第 8 列不同等级的信用评分区间长度可以看出，不同信用等级评分区间长度具有一定的差异，例如 AAA 信用等级区间长度是 15.671，AA 信用等级区间长度是 3.446，分布并不均匀，这主要受实证样本数目的影响。

应该指出，随着实证样本数目的增加，9 个信用等级的评分区间分布会更加均匀，区分度会更加明显。同时图 6-2 的信用等级划分结果图会更平滑。

6.6 本章结论

（1）主要结论

信用等级划分的主要结论包括三个方面：一是信用等级划分要保证"信用等级高的客户违约损失率低，信用等级低的客户的违约损失率高"，要满足信用等级与违约损失率呈反向关系，这是信用风险评级的本质特征。二是信用等级划分要保证将相同信用特征的客户划分为一类，避免信用状况相近的客户被划分为不同信用等级的逻辑混乱。三是信用等级划分结果要具有区间不敏感的优点。如若不然，只要客户信用得分稍微发生变化，其信用等级就会发生变化，会造成商业银行等债权人投资的决策失误。

（2）主要创新

本章主要创新体现在通过建立非线性规划模型对贷款客户的信用等级进行划分，并挖掘不同等级贷款客户的违约损失率。

以每一等级内客户信用得分的组内离差最小为目标函数，保证信用评分越相近的客户越易划分为同一个信用等级；以下一个等级的违约损失率大于上一个等级的违约损失率严格递增为约束条件，建立信用等级划分的非线性规划模型，在相同等级不同客户的信用状况大致相近的情况下，使信用等级划分结果满足"信用等级与违约损失率间呈反向关系"，避免出现信用等级不低、违约损失率反而很高的荒谬现象。

7 影响小企业贷款违约损失率的关键特征的挖掘

7.1 内容提要

    信用风险管理的关键是对违约风险的把握，通常的信用风险评级研究仅仅解决客户的排序问题。一个信用风险评价指标体系具有不同的指标，每一个指标有具有不同的特征，例如不同的年龄段就是年龄这一个特定指标的不同特征。在实际操作中，不可能通过逐一分析这些指标来判断客户是否违约，以及可能的违约损失是多少，因此需要萃取对违约损失有显著影响的关键指标。对1个关键指标而言，人们更多关心的是到底具有哪一个特征的客户其违约风险更大，带来的损失更大，因此，如何挖掘这类关键特征更值得深入研究。

    如何在庞杂的信用风险评价指标体系中确定哪一个或哪几个信用风险评价指标是影响客户贷款违约损失的关键指标？在1个关键指标的不同特征中，如何确定具有哪些特征的人群违约损失最大？这不仅涉及贷款客户违约特征的萃取，而且能揭示客户的不同特征与违约损失之间的联系，因此，指标关键特征的挖掘比信用风险评级研究更为关键、复杂，这也是信用风险评级研究没有在这方面继续深入的原因。

本章是在第4章建立的小企业信用风险评价指标体系，第5章确定指标的权重和建立的信用风险评价模型，以及第6章划分的最优信用等级的基础上，在信用风险评价指标体系中萃取对信用等级，即违约损失率有显著影响的指标，这些指标就是关键指标。进一步，对某一具体的关键指标而言，将客户划分为不同特征，例如，针对"企业授信情况"这一指标，就对应"无授信记录""有授信记录、无违约、无转贷""有授信记录、无违约、有转贷""有授信记录、有违约、未结清""有授信记录、有违约、已结清"5种特征；针对"年龄"这一指标，根据年龄大小可以将客户划分为不同的年龄段，每一个年龄段即为一个特征。在不同特征的客户中，挖掘出具有哪一种特征的客户的违约损失率最大，即为关键特征。这种针对信用风险关键特征的挖掘研究比信用风险评级研究更为关键、复杂，开拓了信用风险评级研究的新思路，从根本上改变现有研究仅立足于客户的排序却忽略信用风险管理中的关键要素及对其关键特征进行深度挖掘、探索的现状。

本章的主要工作包括挖掘关键指标和关键特征两个方面。

一是在林林总总的信用风险评价指标中，遴选出对信用等级，即违约损失率有显著影响的关键指标。以9个信用等级（令：AAA级=1，…，C级=9）的离散次序变量为因变量，以信用风险评价指标体系中的全部n个指标为自变量，建立次序Logit模型，通过Wald统计量检验体系中的指标是否对信用等级，即违约损失率有显著影响，萃取对违约损失率影响显著的指标，即影响贷款违约损失的关键指标。

二是在同一个指标的不同特征中，挖掘出具有哪一种特征的客户对应的违约损失率最大，即哪一种特征是影响违约损失率的关键特征。将一个指标划分为不同特征，以不同特征内部客户违约损失率的组内方差为标准，构建判断尺度LSD，检验不同特征违约损失率是否有显著差异，若某一个特征的违约损失率全都显著大于其他特征的违约损失率，则该特征对应的违约损失率最大，是违约风险最大的关键特征。

7.2 影响小企业贷款违约损失率的关键特征挖掘原理

7.2.1 问题的提出

反映信用特征的指标很多，但哪一个指标是影响违约损失率的关键指标？同一个指标的哪一个特征是影响违约损失率的关键特征？以"企业授信情况"这一指标为例，就对应"无授信记录""有授信记录、无违约、无转贷""有授信记录、无违约、有转贷""有授信记录、有违约、未结清""有授信记录、有违约、已结清"5种特征。哪一种授信情况（哪一个特征）的小企业贷款给银行带来的损失更大？本书正是针对上述关键指标和关键特征的甄别进行研究。

本书通过在不同指标中对关键指标进行辨识，以及在同一个指标的不同特征中对关键特征进行甄别，可以牵住信用风险管理的"牛鼻子"。这比信用风险评级研究更为关键、复杂，开拓了信用风险评级理论的新思路，从根本上改变现有研究仅立足于客户的排序却忽略信用风险管理中的关键要素及对其关键特征进行深度挖掘、探索的现状。

若关键特征提取出错，则会给社会和整个经济系统带来重大影响，例如2008年的全球经济危机正是由于违约特征的判断失误而发放过多的次级贷款导致的；再如，截至2017年第一季度，中国商业银行不良贷款率是1.74%，造成的违约损失额高达1.58万亿元，因此准确评价违约风险，有效识别违约客户是降低银行不良贷款率的有效手段。

7.2.2 问题的难点

难点1：在林林总总的信用风险评价指标中，哪一个或哪几个信用风险评价指标更为关键，对贷款违约损失起决定性影响。

难点2：在同一个指标的不同特征中，挖掘具有哪一种特征的客户对应的违约损失率最大，即哪一种特征是影响违约损失率的关键特征？例如对于"企业授信情况"这个指标而言，哪一种授信情况（哪一个特征）的客户贷款给银行带来的损失更大？

7.2.3 解决难点的思路

难点1的解决思路：基于次序Logit模型甄别关键指标的思路。

以9个信用等级（令AAA级=1，⋯，C级=9）的离散次序变量为因变量，以信用风险评价指标体系中的全部n个指标为自变量，建立次序Logit模型，通过Wald统计量检验体系中的指标是否对信用等级，即违约损失率有显著影响，萃取对违约损失率影响显著的指标，即影响贷款违约损失的关键指标。

难点2的解决思路：基于LSD检验甄别关键特征的思路。

将一个指标划分为不同特征，以不同特征内部客户违约损失率的组内方差为标准，构建判断尺度LSD，检验不同特征的违约损失率是否有显著差异，若两个特征对应的违约损失率均值差的绝对值大于判断尺度LSD，则这两个特征的违约损失率具有显著差异。若某一个特征的违约损失率全都显著大于其他特征的违约损失率，则该特征对应的违约损失率最大，是违约风险最大的关键特征。

小企业违约风险的关键指标及关键特征甄别原理如图7-1所示。

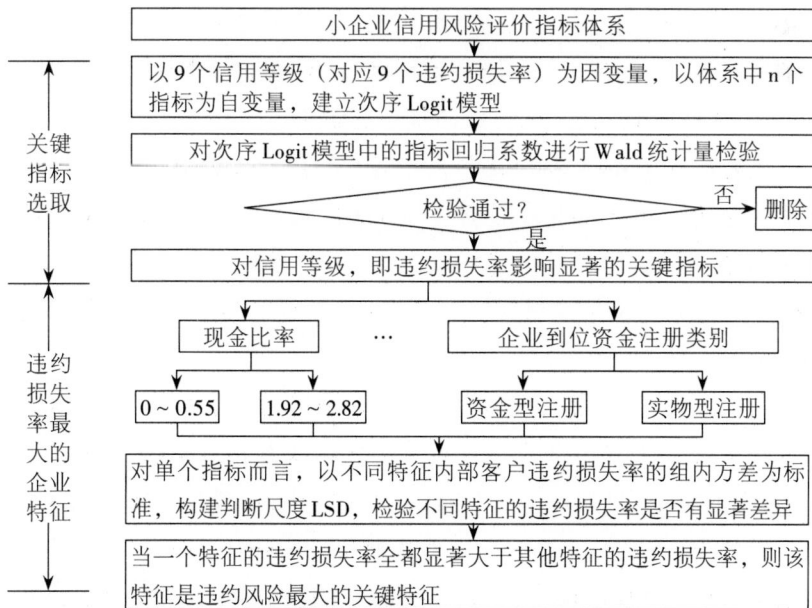

图7-1 小企业违约风险的关键指标及关键特征甄别原理

7.3　影响小企业贷款违约损失率的关键特征挖掘原理

7.3.1　基于次序 Logit 模型的关键指标甄别方法

目的：甄别对违约损失率有显著影响的关键指标。

（1）次序 Logit 回归模型的建立

由第 6 章的研究内容可知，根据信用等级与违约损失率呈反向关系的标准能够将贷款客户划分为 9 个不同的信用等级，每个信用等级对应的违约损失率记为 LGD_k。k 表示信用等级，k 越大，信用等级越低，相应的违约损失率越大。因此，本书遴选出的对信用等级影响显著的指标，即对违约损失率影响显著的指标。

因为共有 9 个信用等级，记为 AAA 级=1，AA 级=2，A 级=3，BBB 级=4，BB 级=5，B 级=6，CCC 级=7，CC 级=8，C 级=9，可以拟合 9-1=8 个 Logit 模型，称之为累积 Logit 模型。

设：Y_k 为因变量，k=1，2，…，9，表示 9 个信用等级，客户属于第 k 个等级的概率为 π_k；α_k 为常数项；x_i 为第 i 个指标的标准化后数据；n 为信用风险评价指标体系中的指标个数；β_i 为第 i 个指标的回归系数。

以 AAA 级=1 为例，说明 Logit 模型的建立。

将客户属于 AAA 级的概率 π_1 与客户不属于 AAA 级的概率 $1-\pi_1$ 的比值称之为优势比 odds，即 odds=$\pi_1 \div (1-\pi_1)$，对优势比取对数即为 Logit 变换，即 logit $[\pi_1 \div (1-\pi_1)]$ =ln $[\pi_1 \div (1-\pi_1)]$，以 logit $[\pi_1 \div (1-\pi_1)]$ 为因变量，建立包括 n 个指标的 Logit 回归模型满足式（7-1-1）。

同理，式（7-1-2）是客户属于前两个等级，即 AAA 级和 AA 级的概率（$\pi_1+\pi_2$）与客户不属于前两个等级的概率 $1-(\pi_1+\pi_2)$ 的比值与 n 个指标的 Logit 回归模型；依次，式（7-1-8）是客户属于前 8 个等级，即属于 AAA，AA，…，CC 级的概率（$\pi_1+\pi_2+\cdots+\pi_8$）与客户不属于前 8 个等级的概率 $1-(\pi_1+\pi_2+\cdots+\pi_8)$ 的比值与 n 个指标的 Logit 回归模型。

$$\text{logit} \frac{\pi_1}{1 - \pi_1} = -\alpha_1 + \sum_{i=1}^{n} \beta_i x_i \qquad (7\text{-}1\text{-}1)$$

$$\text{logit} \frac{\pi_1 + \pi_2}{1 - (\pi_1 + \pi_2)} = -\alpha_2 + \sum_{i=1}^{n} \beta_i x_i \qquad (7\text{-}1\text{-}2)$$

$$\text{logit} \frac{\pi_1 + \pi_2 + \pi_3}{1 - (\pi_1 + \pi_2 + \pi_3)} = -\alpha_3 + \sum_{i=1}^{n} \beta_i x_i \qquad (7\text{-}1\text{-}3)$$

$$\cdots$$

$$\text{logit} \frac{\pi_1 + \pi_2 + \pi_3 + \cdots + \pi_8}{1 - (\pi_1 + \pi_2 + \pi_3 + \cdots + \pi_8)} = -\alpha_8 + \sum_{i=1}^{n} \beta_i x_i \qquad (7\text{-}1\text{-}8)$$

$$\pi_1 + \pi_2 + \pi_3 + \cdots + \pi_8 + \pi_9 = 1 \qquad (7\text{-}1\text{-}9)$$

其中，客户属于第 k 个等级的概率 π_k 满足：$\pi_k = P(Y_k = k)$。

式（7-1-1）～（7-1-9）的含义：通过将 9 个信用等级分割成两种情况，例如式（7-1-1）表示客户属于 AAA 级和不属于 AAA 的两种情况的概率比值；同理，式（7-1-8）表示客户属于 AAA，AA，…，CC 级与客户属于 C 级两种情况的概率比值。通过式（7-1-1）～式（7-1-8）构建信用风险评价指标 x_i 与信用等级之间的次序 Logit 回归模型，不论分割成（7-1-1）～式（7-1-8）的哪种情况，指标的系数 β_i 都保持不变。通过对指标系数的 Wald 统计量检验，确定指标是否对信用等级有显著影响，也就是确定指标是否对违约损失率有显著影响。通过式（7-1-1）～式（7-1-8），可以分别求出客户属于 AAA，AA，…，CC 级的概率 π_1，$(\pi_1 + \pi_2)$，…，$(\pi_1 + \pi_2 + ... + \pi_8)$，根据式（7-1-9）可以求出客户属于 C 等级的概率 π_9。

（2）通过最大似然估计法求解回归系数 β_i 及系数 β_i 的标准误 $SE_{\beta i}$

对于次序 Logit 回归的系数 β_i 的估计通过最大似然估计法进行求解，而系数 β_i 的估计值，以及系数 β_j 的标准误 $SE_{\beta j}$ 的计算过程都借助 SPSS 等软件实现。

（3）构建 Wald 统计量

本章通过构建 Wald 统计量，对每个指标 x_i 的回归系数 β_i 的显著性进行检验。

设：W_i 为第 i 个指标的 Wald 统计量值，$\hat{\beta}_i$ 为第 i 个指标的系数估计值，$SE_{\beta i}$ 为系数 β_i 的标准误，则 Wald 统计量为 [163]：

$$W_i = \left(\hat{\beta}_i / SE_{\beta i} \right)^2 \tag{7-2}$$

式（7-2）的作用：通过构造第 i 个指标的 Wald 统计量 W_i，检验 β_i 是否显著为 0，若 β_i 不显著为 0，则第 i 个指标 x_i 对信用等级，即违约损失率有显著性影响。

（4）显著性检验

在（3）中构建的 Wald 统计量是针对单一指标而言的，因此自由度等于 1，服从渐近 χ^2 分布。在自由度等于 1 的条件下，通过查 χ^2 分布表可知，当显著性水平 $\alpha = 0.05$ 时，χ^2 临界值 $\chi^2_{0.05}$（1）$=3.841$。因此，如果 Wald 值大于 3.841，拒绝零假设 H_0：$\beta_i = 0$，认为相应指标对信用等级具有显著影响。

本章通过次序 Logit 模型甄别关键指标，具有以下特色：以 9 个信用等级（例如令 AAA 级 $=1$，…，C 级 $=9$）的离散次序变量为因变量，以信用风险评价指标为自变量，建立次序 Logit 模型，通过 Wald 统计量检验体系中的指标是否对信用等级，即违约损失率有显著影响，萃取对违约损失率影响显著的指标，从而避免现有研究在挖掘关键指标时没有考虑指标对信用等级，即违约损失率是否有影响的弊端。

7.3.2 基于 LSD 检验的关键特征甄别方法

目的：每一个指标都对应两个以上的不同特征。以"企业授信情况"这一常见指标为例，就对应"有授信记录、且无违约、无转贷""无授信记录""有授信记录、且无违约、有转贷""有违约记录、但已结清""有违约记录、未结清"5 种特征。本部分会挖掘到底是哪一种授信情况（哪一个特征）的企业贷款给银行带来的损失更大？

本章通过在同一个指标的不同特征中对关键特征进行甄别，可以牵住信用风险管理的"牛鼻子"，从而开拓信用风险评级理论的新思路。

思路：以不同特征内部客户违约损失率的组内方差为标准，构建判断尺度 LSD 检验不同特征违约损失率是否有显著差异，若两个特征对应的违约损失率均值差大于判断尺度 LSD，则这两个特征的违约损失率具有显著差异；若某一个特征的违约损失率全都显著大于其他特征的违约损失率，则该特征对应的违约损失率最大，是违约风险最大的关键特征。

关键特征甄别的步骤：

Step1：组内方差 MS_w 的计算

设：SS_w 为组内离差平方和，k 为特征数，n_i 为第 i 个特征客户样本数，l_{ij} 为第 i 个特征中第 j 个贷款客户的违约损失率，$\bar{l}_i$ 为第 i 个特征客户的违约损失率均值，f_w 为组内自由度，n_0 为特征样本平均数，是对不同特征样本数进行了平均化处理，则组内方差 MS_w 满足：

$$MS_w = \frac{SS_w}{f_w} = \frac{\sum_{i=1}^{k}\sum_{j=1}^{n_i}\left(l_{ij}-\bar{l}_i\right)^2}{k\cdot\left(n_0-1\right)} \tag{7-3}$$

其中，特征样本平均数 n_0 满足：

$$n_0 = \frac{1}{k-1}\left(\sum_{i=1}^{k}n_i - \frac{\sum_{i=1}^{k}n_i^2}{\sum_{i=1}^{k}n_i}\right) \tag{7-4}$$

式（7-3）的含义：若在某一特征内部客户的违约损失率偏离均值的程度越小，即具有该特征的客户违约损失率差异不大，则组内方差 MS_w 越小，即具有该特征的客户的违约损失率越集中。

式（7-4）是特征样本平均数，不同特征的样本数是不一样的，通过式（7-4）将不同特征样本数进行了平均化处理。

Step2：判断尺度 LSD 的构建

设：t_a 为在给定显著性水平 α 下查"t分布表"所得的数据，MS_w 为组内方差，n_0 为特征样本平均数，则 LSD 的计算公式为[163]：

$$LSD = t_a\cdot\sqrt{\frac{2MS_w}{n_0}} \tag{7-5}$$

式（7-5）的含义：组内方差 MS_w 越小，说明该特征内部的各个客户的违约损失率的差距就越小，相应的判断尺度 LSD 就越小，在进行检验时越易通过。

Step3：检验各个特征违约损失率均值的差异

计算任意两个特征客户违约损失率均值的差 d_{ij}，d_{ij} 表示第 i 个特征客户的平均违约损失率 $\bar{l}_i$ 减去第 j 个特征客户的平均违约损失率 $\bar{l}_j$。

若 d_{ij} 的绝对值大于判断尺度 LSD，也就是在给定显著水平下，两个特征的违约损失率均值差异显著。

在具有显著差异的两个特征中，根据违约损失率均值的大小确定哪一个特征客户的违约损失率均值显著大于另一个特征客户的违约损失率均值。

Step4：确定违约损失最大的关键特征

当某一个特征的违约损失率均值全都显著大于其他特征的违约损失率均值时，该特征客户的违约损失率最大，该特征是决定贷款违约损失的关键特征。

基于 LSD 检验甄别关键特征的特色：在 1 个关键指标对应不同特征的情况下，以不同特征内部客户违约损失率的组内方差为标准，构建判断尺度 LSD，检验不同特征违约损失率是否有显著差异，在有显著差异的不同特征中，通过比较违约损失率的大小，确定在"企业授信情况"指标中，拥有哪一种授信特征的客户的违约风险最大。若某一个特征的违约损失率全都显著大于其他特征的违约损失率，则该特征为关键特征，抓住信用风险管理的关键，开拓信用风险评级理论的新思路，从根本上改变现有研究仅立足于客户排序却忽略信用风险管理中的关键要素及对其关键特征进行深度挖掘、探索的现状。

7.4 影响小企业贷款违约损失率的关键指标和关键特征挖掘

7.4.1 小企业信用风险评价指标体系

本章在第 4 章建立的由 16 个指标构成的小企业信用风险评价指标体系，以及第 6 章信用等级划分确定不同等级客户的违约损失率的基础上，进一步挖掘哪些指标是对信用等级，即违约损失率有显著影响的关键指标，以及该指标的哪一个特征是决定贷款违约损失的关键特征。

小企业信用风险评价指标体系见表 7-1 的第 3 列，表 7-1 中的指标及标准化后数据来源于表 4-4。表 7-1 第 18～21 行的数据来源于表 6-2。

表7-1 小企业信用风险评价指标体系及标准化后数据

(a)序号	(b)准则层	(c)指标	3 045笔标准化值 x_{ij}						
			50笔违约样本				2 995笔非违约样本		
			(1)企业1	...	(50)企业50	...	(51)企业51	...	(3045)企业3045
1	企业内部财务因素	X_3流动负债经营活动净现金流比率	0.472	...	0.461	...	0.000	...	0.496
...		...	...	...	...	...	...	...	...
6		X_{48}留存收益增长率	0.519	...	0.501	...	0.503	...	0.513
7	企业外部宏观环境	X_{52}居民消费价格指数	0.976	...	1.000	...	0.976	...	1.000
...		...	...	...	...	...	...	...	...
10	内部非财务因素	X_{55}相关行业的从业年限	0.000	...	0.400	...	1.000	...	1.000
...		...	...	...	...	...	...	...	...
13	法人代表基本情况	X_{68}企业负责人的居住状况	1.000	...	1.000	...	0.000	...	1.000
...		...	...	...	...	...	...	...	...
15	企业信用	X_{76}近三年企业授信情况	0.000	...	0.000	...	0.000	...	1.000
16	抵押担保	X_{81}抵押、质押、担保得分	0.669	...	0.649	...	0.100	...	0.570
17		应收未收本息 L_{ji}（元）	15 100 789	...	5 040 662	...	0	...	0
18		应收本息 R_{ji}（元）	16 964 393	...	32 432 666	...	13 510 055	...	2 449 108
19		违约损失率 LGD_k（%）	89.015	...	15.542	...	0	...	0
20		信用等级	B	...	BBB	...	B	...	AAA

7.4.2 影响小企业贷款违约损失率的关键指标的挖掘

（1）次序 Logit 回归模型的建立

将 9 个信用等级记为离散变量，即 AAA 级 =1，AA 级 =2，A 级 =3，BBB 级 =4，BB 级 =5，B 级 =6，CCC 级 =7，CC 级 =8，C 级 =9，9 个信用等级的标识见表 7-2 第 2 列第 2～10 行。

将表 7-1 "3 045 笔标准化值 x_{ij}" 一栏的指标数据 x_i 以及表 7-2 第 1 列第 2～10 行的信用等级标识带入式（7-1-1）～式（7-1-9），可以确定 9 个次序 Logit 模型。

（2）求解回归系数 β_i 及系数 β_i 的标准误 $SE_{\beta i}$

本章通过最大似然估计法进行求解次序 Logit 回归的系数 β_i 的估计值，计算过程都通过借助 SPSS 等软件实现。

次序 Logit 回归的系数 β_i 的估计值见表 7-2 第 3 列，系数 β_i 的标准误 $SE_{\beta i}$ 的估计值见表 7-2 第 4 列。

（3）构建 Wald 统计量

将表 7-2 第 3 列的系数 β_i 的估计值，表 7-2 第 4 列的标准误 $SE_{\beta i}$ 的估计值带入式（7-2），计算第 i 个指标的 Wald 统计量值 W_i，结果见表 7-2 第 5 列。

（4）显著性检验

在（3）中构建的 Wald 统计量服从自由度等于 1 的渐近 χ^2 分布，自由度 df 见表 7-2 第 7 列，通过查 χ^2 分布表，在自由度等于 1 的条件下，显著性水平 α=0.05 的 χ^2 临界值 $\chi^2_{0.05}$（1）=3.841，查表值见表 7-2 第 6 列。

通过对比表 7-2 第 5 列 Wald 统计量计算值 W_i 与表 7-2 第 6 列的查表值，如果计算值 W_i 大于 3.841，拒绝零假设 H_0：β_i=0，认为第 i 个指标对信用等级具有显著影响。通过对比可知，指标 "X_2 流动负债经营活动净现金流比率""X_{40} 营运资本配置比率""X_{60} 在本行开户状况"未通过检验，在表 7-2 第 8 列中以 "×" 标记，即这 3 个指标不是关键指标。

综上所述，"超速动比率""近三年企业授信情况"等 13 个指标是对小企业信用等级，即违约损失率有显著影响的关键指标。

表7-2

次序 Logit 模型的参数估计值

(1) 序号	(2) 变量	(3) 回归系数 β_i	(4) 标准误 $SE_{\beta i}$	(5) Wald	(6) 查表值	(7) df	(8) 检验通过与否
1	[AAA等级标识=1]	-40.162	4.444	81.686		1	√
2	[AA等级标识=2]	-37.091	4.430	70.090		1	√
...	...	...	...	...		...	...
8	[CC等级标识=8]	-9.173	4.429	4.289		1	√
9	X_2 流动负债经营活动净现金流比率	0.006	0.086	0.005		1	×
...	...	...	...	...		...	...
13	X_{40} 营运资本配置比率	0.091	0.235	0.149	$\chi^2_{0.05}(1)$ =3.841	1	×
14	X_{48} 留存收益增长率	-0.008	0.003	10.032		1	√
15	X_{52} 居民消费价格指数	-0.304	0.032	91.908		1	√
...	...	...	...	...		...	...
18	X_{55} 相关行业的从业年限	-5.516	0.222	615.473		1	√
19	X_{60} 在本行开户状况	-0.227	0.220	1.063		1	×
...	...	...	...	...		...	...
23	X_{76} 近三年企业授信情况	-9.751	0.340	820.989		1	√
24	X_{81} 抵押、质押、担保得分	-3.745	0.185	410.342		1	√

第一，企业财务因素是影响小企业贷款违约损失的关键因素。例如"X_{10}超速动比率""X_{17}未偿还贷款总额占资产总额比""X_{32}经营活动产生的现金流量净额""X_{48}留存收益增长率"这4个指标对小企业贷款违约损失都具有显著影响。

第二，宏观经济因素是影响小企业贷款违约损失的关键因素。例如"X_{52}居民消费价格指数""X_{53}城市居民人均可支配收入""X_{54}恩格尔系数"这3个指标对小企业贷款违约损失都具有显著影响。

第三，企业负责人的能力及经验是影响小企业贷款违约损失的关键因素，例如企业负责人的"X_{55}相关行业的从业年限""X_{68}居住状况""X_{74}担任该职务时间"对小企业贷款违约损失都具有显著影响。

第四，企业基本信息是影响小企业贷款违约损失的关键因素，例如"X_{61}产品销售范围""X_{76}近三年企业授信情况"对小企业贷款违约损失具有显著影响。

第五，抵押担保因素是影响小企业贷款违约损失的关键因素，例如"X_{81}抵押、质押、担保得分"对小企业贷款违约损失具有显著影响。

7.4.3 贷款违约损失率最大的关键特征挖掘

（1）定量指标的分类区间、定性指标的分类特征的确定

本章按照客户的定量指标数据的取值、定性指标数据提取时的分类，确定指标的特征分类，分类结果见表7-3第3列，每个特征用字母C_i表示。例如，C_1：[1，5.63]表示：指标"X_{10}超速动比率"的第1个特征，分类区间是[1，5.63]。其他指标的分类区间和分类特征同理可确定。

（2）以指标"X_{10}超速动比率"为例，说明判断尺度LSD的计算。

Step1：组内方差MS_w的计算

对3 045个小企业客户按照表7-3第3列第2~4行的分类方式进行分类，每一类中的样本数n_i见表7-3第4列相应行。指标"X_{10}超速动比率"分为3个特征，所以k=3。将表7-3第4列的n_i，k=3带入式（7-4），计算该指标的特征样本平均数n_0=1 015，结果列入表7-3第6列第1行。自由度f_w=k·（n_0-1）=3 042，结果列入表7-3第7列第1行。

表7-3

判断尺度LSD的计算

(1) 序号	(2) 指标	(3) 分类特征/区间 C_i	(4) 样本数 n_i	(5) LGD 均值 (%)	(6) 样本平均数	(7) 自由度 f_w	(8) 查表值 $t_{0.05}$	(9) 组内方差 MS_w	(10) 判断尺度 LSD (%)
1	C_1超速动比率	c_{i1}: [1, 5.63]	995	0.106					
2		C_2: [0.5, 1)	1 052	0.493	1 015	3 042	1.9607	0.0101	0.876
3		C_3: [0, 0.5)	998	6.205					
...	...	...	...	...	...	...	...	...	...
14	X_{53}城市居民人均可支配收入（万元）	C_1: [0.3, 1.2]	238	10.446					
15		C_2: [1.2, 2]	1 682	2.214	841	2 520	1.9609	0.0114	1.023
16		C_3: (2, 3.6)	1 125	0.598					
...			...	...	...	...	...	...	...
36	X_{76}近三年企业授信情况	C_1: 有授信记录、有违约、未结清	417	6.008					
37		C_2: 有授信记录、有违约、已结清	123	27.957	374	1 492	1.9616	0.0237	2.209
38		C_3: 无授信记录	128	0					
39		C_4: 有授信记录、无违约、无转贷	2 377	0.432					
40	X_{81}抵押、质押、担保得分	C_1: 0	327	0.003					
41		C_2: (0, 0.7)	1 127	5.587	881	2 640	1.9609	0.0115	1.002
42		C_3: [0.7, 1]	1 591	0.383					

将表7-1第18～19行的数据带入式（6-2），确定每个类别的平均违约损失率LGD，见表7-3第5列相应行。将表7-1第20行的违约损失率LGD，表7-3第5列的LGD，k=3，n_0=1 015，表7-3第4列的n_i带入式（7-3），确定指标的组内方差MS_w=0.0101，结果列入表7-3第9列第2行。

Step2：判断尺度LSD的确定

在a=0.05的显著性水平下，自由度f_w=3 041，查"t分布表"确定t_a（3 041）=1.9607，列入表7-3第8列第2行。将表7-3第2行的n_0=1 015，t_a（3 041）=1.9607，MS_w=0.0101带入式（7-5），确定LSD=0.876%，结果列入表7-3第10列第2行。

同理，可计算其他指标的样本平均数n_0，自由度f_w，组内方差MS_w和判断尺度LSD值，结果分别列入表7-3第6～10列的相应行。

（3）以指标"X_{10}超速动比率"为例，说明关键特征的确定。

Step1：检验各个特征违约损失率均值的差异

思路：计算任意两个特征客户违约损失率均值的差d_{ij}，d_{ij}表示第i个特征客户的平均违约损失率LGD_i减去第j个特征客户的平均违约损失率LGD_j。若d_{ij}的绝对值大于判断尺度LSD，说明在给定显著水平下，两个特征的违约损失率均值差异显著。在具有显著差异的两个特征中，若$d_{ij}>0$，则说明第i个特征客户的平均违约损失率显著大于第j个特征客户的平均违约损失率。反之，若$d_{ij}<0$，则说明第j个特征客户的平均违约损失率显著大于第i个特征客户的平均违约损失率。

将表7-3第3、5、10列的数据列入表7-4第3、4、8列。如前所述，指标"X_{10}超速动比率"分为三个特征，分别记为C_1，C_2，C_3，以第一个特征C_1的违约损失率为标准，与另外两个特征的违约损失率进行比较，计算违约损失率均值差d_{ij}。

将表7-4第4列第2行的0.106%与第3行的0.493%作差，得到d_{12}=-0.387%，结果列入表7-4第2行第5列。同理，将表7-4第4列第2行的0.106%与第4行的6.205%作差，得到d_{13}=-6.099%，结果列入表7-4第6列第2行。将表7-4第4列第3行的0.493%与第4行的6.205%作差，得到d_{23}=-5.712%，结果列入表7-4第6列第3行。

影响小企业贷款违约损失率的关键特征的挖掘

表7-4 关键特征的萃取

(1) 序号	(2) 指标	(3) 分类特征区间 C_i	(4) LGD均值 (%)	(5) 与C_2比较 (%)	(6) 与C_3比较 (%)	(7) 与C_4比较 (%)	(8) 判别尺度 LSD (%)	(9) 关键特征
1	X_{10}超速动比率	C_1: [1, 5.63]	0.106	d_{12}=-0.387	d_{13}=-6.099	—	0.876	
2		C_2: [0.5, 1)	0.493	—	d_{23}=-5.712	—		√
3		C_3: [0, 0.5)	6.205	—	—	—		...
...	...	...	...	...	...	...	...	...
14	X_{53}城市居民人均可支配收入	C_1: [0.3, 1.2]	10.446	d_{12}=8.231	d_{13}=9.848	—	1.023	√
15		C_2: [1.2, 2]	2.214	—	d_{23}=1.616	—		
16		C_3: (2, 3.6)	0.598	—	—	—		...
...	...	...	...	...	...	...	...	...
36	X_{76}近三年企业授信情况	C_1: 有授信记录、有违约、未结清	6.008	d_{12}=-21.948	d_{13}=6.008	d_{14}=5.576	2.209	
37		C_2: 有授信记录、有违约、已结清	27.957	—	d_{23}=27.957	d_{24}=27.525		√
38		C_3: 无授信记录	0	—	—	d_{34}=-0.432		
39		C_4: 有授信记录、无违约、无转贷	0.432	—	—	—		
40	X_{81}抵押、质押、担保得分	C_1: 0	0.003	d_{12}=-5.584	d_{13}=-0.381	—	1.002	
41		C_2: (0, 0.7)	5.587	—	d_{23}=5.203	—		√
42		C_3: [0.7, 1]	0.383	—	—	—		

Step2：确定违约损失率最大的关键特征

由 Step1 可知，d_{12}=-0.387%，d_{12} 的绝对值小于指标 "X_{10} 超速动比率" 的判断尺度，即表 7-4 第 2 行第 8 列的 0.876%，所以没有通过 LSD 检验，即特征 C_1，C_2 之间的违约损失率不具有显著性差异。

同理，根据 d_{13}=-6.099%，d_{13} 绝对值大于判断尺度 0.876%，所以通过 LSD 检验，即特征 C_1，C_3 之间的违约损失率具有显著性差异。又因为 d_{13}=-6.099% < 0，所以特征 C_3 的违约损失率显著大于特征 C_1 的违约损失率。

同理可以确定特征 C_3 的违约损失率显著大于特征 C_2 的违约损失率。

综上，特征 C_3 的违约损失率显著大于其他特征，所以特征 C_3，即 "X_{10} 超速动比率" 的取值区间是 [0，0.5) 的贷款小企业是决定贷款违约损失率的关键特征。关键特征在表 7-4 第 9 列以 "√" 表示。

结论："X_{10} 超速动比率" 区间为 [0，0.5) 的贷款小企业的违约损失率显著高于其他区间客户，具有该区间特征的贷款小企业违约风险最大。

仿照上文（1）~（3）指标 "X_{10} 超速动比率" 关键特征的确定方式，确定其他 13 个关键指标的关键特征。

需要指出，指标 "X_{52} 居民消费价格指数" 的两个特征 C_1：[100，121) 与 C_2：[98，100) 之间的违约损失率无显著性差异，不代表该指标不存在关键特征，只能说明，在该种特征划分方法下，不存在关键特征。

综上所述，"X_{10} 超速动比率" 区间为 [0，0.5)、"X_{76} 近三年企业授信情况" 特征为 "有授信记录、有违约、已结清" 等 12 个小企业特征是决定贷款违约损失率的关键特征。

（1）企业财务特征满足 "X_{10} 超速动比率" 区间为 C_3：[0，0.5)、"X_{17} 未偿还贷款总额占资产总额比" 区间为 C_3：[1，3.83]、"X_{32} 经营活动产生的现金流量净额" 区间为 C_2：[-9 620，0)、"X_{48} 留存收益增长率" 区间为 C_1：[-78.5，0) 的小企业是违约风险最大的贷款客户。

（2）当宏观经济因素满足"X_{53}城市居民人均可支配收入"区间为 C_1：[0.3，1.2]、"X_{54}恩格尔系数"区间为 C_3：[50，54.3]时，小企业最容易发生违约。

（3）企业负责人的能力及经验满足"X_{55}相关行业的从业年限"区间为 C_3：[5，8]、"X_{68}居住状况"特征是 C_5：自置或按揭和 C_1：其他（不包括集体宿舍、共有住宅、租房和亲属楼宇）、"X_{74}担任该职务时间"区间为 C_1：（0，2）对小企业贷款违约损失都具有显著影响。

（4）企业基本情况满足"X_{61}产品销售范围"特征是 C_1：其他（即不是内销也不是外销）、"X_{76}近三年企业授信情况"特征是 C_2：有授信记录、有违约、已结清的小企业是违约风险最大的贷款客户。

（5）抵押担保因素满足"X_{81}抵押、质押、担保得分"区间为 C_2：（0，0.7）的小企业是违约风险最大的贷款客户。

7.5 关键特征的理性分析

7.5.1 "超速动化率"的关键特征分析

将表7-1第18~19行的数据带入式（6-2），计算全部3 045个小企业贷款客户的平均违约损失率为LGD=2.601%。

"X_{10}超速动比率"区间为 C_3：[0，0.5）的小企业的违约损失率最大，是违约风险最大的贷款客户特征。从表7-4第4行第4列可知，"X_{10}超速动比率"区间为 C_3：[0，0.5）的小企业的违约损失率均值最大并且最大值为6.205%，大于全部客户的平均违约损失率2.601%。

"X_{10}超速动比率"区间为 C_3：[0，0.5）的贷款小企业的违约损失率最大原因分析：超速动比率反映企业速动资产中可以立即变现用于偿还流动负债的能力。该值越小，表明企业的偿债能力越弱，企业越容易违约。在"X_{10}超速动比率"的三个特征中，C_3：[0，0.5）对应客户的超速动比率值最小，同时该特征的违约损失率最大，符合一般规律。

"X_{17}未偿还贷款总额占资产总额比"区间为C_3：[1，3.83]、"X_{32}经营活动产生的现金流量净额"区间为C_2：[-9 620，0)、"X_{48}留存收益增长率"区间为C_1：[-78.5，0)，这三个特征可进行类似分析。

7.5.2 "城市居民人均可支配收入"的关键特征分析

"X_{53}城市居民人均可支配收入"区间为C_1：[0.3，1.2]的小企业的违约损失率最大，是违约风险最大的贷款客户特征。从表7-4第15行第4列可知，"X_{53}城市居民人均可支配收入"区间为C_1：[0.3，1.2]的小企业的违约损失率均值最大并且最大值为10.446%，远大于全部客户的平均违约损失率2.601%。

"X_{53}城市居民人均可支配收入"区间为C_1：[0.3，1.2]的贷款小企业的违约损失率最大原因分析：城市居民人均可支配收入是指在城市居民的实际收入中用于安排日常生活的收入，衡量城市居民收入水平和生活水平，该值越小，表明城市居民的收入水平和生活水平越差，这也说明了此时的宏观经济条件不好，由于小企业自身的特点决定了其更易受到宏观条件变动的影响。因此，"X_{53}城市居民人均可支配收入"越低，宏观经济条件越差，小企业越容易违约。在"X_{53}城市居民人均可支配收入"的三个特征中，C_1：[0.3，1.2]对应城市居民人均可支配收入值最小，同时该特征的违约损失率最大，符合一般规律。

"X_{54}恩格尔系数"的关键特征可进行类似分析。

7.5.3 "近三年企业授信情况"的关键特征分析

从表7-4第38行第4列数据可知，"X_{76}近三年企业授信情况"区间为C_2：有授信记录、有违约、已结清的小企业的违约损失率均值最大并且最大值为27.957%，远高于全部贷款小企业的平均违约损失率2.601%。

"X_{76}近三年企业授信情况"区间为C_2：有授信记录、有违约、已结清的贷款小企业的违约损失率最大原因分析：在"X_{76}近三年企业授信情况"的四种特征中，即C_1：有授信记录、有违约、未结清，C_2：有授信记录、有违约、已结清，C_3：无授信记录，C_4：有授信记录、无违约、无转贷，无授信记录表明小企业首次申请贷款，这不能说明其是否更容易违约；但是在有违约记录的小企业中，已经结清了的小企业更容易违约，有两种原因，一是已经违约但未结清的小企业一般而言更难得到新的贷款，二是发生过违约但是已经结清的小企业，会存在一种情况，为了将来获得更多的贷款才进行结清，对于这种情况，其违约损失率显然会很高。

"X_{61}产品销售范围"等指标的关键特征可进行类似分析。

7.5.4 "抵押、质押、担保得分"的关键特征分析

"X_{81}抵押、质押、担保得分"区间为C_2：（0，0.7）的贷款小企业的违约损失率最大，相应的信用风险最大。从表7-4第42行第4列数据可知，"X_{81}抵押、质押、担保得分"区间为C_2：（0，0.7）的贷款小企业的违约损失率均值最大并且最大值为5.587%，高于全部贷款小企业的平均违约损失率2.601%。

"X_{81}抵押、质押、担保得分"区间为C_2：（0，0.7）的贷款小企业的违约损失率最大原因分析：实证结果显示不是"X_{81}抵押、质押、担保得分"越低，其违约损失率越大；而是"X_{81}抵押、质押、担保得分"处于中间水平的贷款小企业违约损失率更高。这是由于：贷款小企业的抵押、质押品不仅仅是一种，有的企业为了得到银行的贷款，给银行的抵押、质押品高达13种。由于这种情况的存在，会导致计算的企业"X_{81}抵押、质押、担保得分"不低而企业仍存在违约的现象，正是由于这种数量很多且质量不高的抵押方式的存在，才导致"X_{81}抵押、质押、担保得分"不低，企业违约损失率反而高的现象发生。

7.6 本章结论

（1）主要结论

一是"X_{10}超速动比率""X_{52}居民消费价格指数""X_{55}相关行业的从业年限""X_{76}近三年企业授信情况""X_{81}抵押、质押、担保得分"

等13个指标，是对小企业信用等级，即违约损失率有显著影响的关键指标。

二是对财务指标"X_{10}超速动比率"而言，其关键特征的区间为C_3：[0，0.5），即具有该特征的小企业是违约风险最大的贷款客户。

三是对宏观经济指标"X_{53}城市居民人均可支配收入"而言，其关键特征的区间为C_1：[0.3，1.2]，即具有该特征的小企业最容易发生违约。

四是对企业负责人的能力及经验指标"X_{55}相关行业的从业年限"而言，其关键特征的区间为C_3：[5，8），即具有该特征的小企业的违约风险最大。

五是对企业基本情况指标"X_{76}近三年企业授信情况"而言，其关键特征是C_2：有授信记录、有违约、已结清的小企业是违约风险最大的贷款客户。

六是抵押担保因素满足"X_{81}抵押、质押、担保得分"区间为C_2：(0，0.7）的小企业是违约风险最大的贷款客户。

（2）主要创新

本章通过LSD检验甄别违约损失率最大的关键特征。

在1个关键指标对应不同特征的情况下，以不同特征内部客户违约损失率的组内方差为标准，构建判断尺度LSD，检验不同特征违约损失率是否有显著差异。在有显著差异的不同特征中，通过比较违约损失率的大小，确定在"企业授信情况"这一关键指标中，拥有哪一种授信情况特征的客户的违约风险最大。若某一个特征的违约损失率全都显著大于其他特征的违约损失率，则该特征为关键特征，抓住信用风险管理的关键，开拓信用风险评级理论的新思路，从根本上改变现有研究仅立足于客户的排序却忽略信用风险管理中的关键要素及对其关键特征进行深度挖掘、探索的现状。

（3）主要特色

本章通过次序Logit模型甄别对信用等级，即违约损失率有显著影响的关键指标。

以9个信用等级（例如令AAA级=1，…，C级=9）的离散次序变量为因变量，以信用风险评价指标为自变量，建立次序 Logit 模型，通过 Wald 统计量检验体系中的指标是否对信用等级，即违约损失率有显著影响，萃取对违约损失率影响显著的指标，也就是影响贷款违约损失的关键指标，从而改变现有研究在挖掘关键指标时仅考虑是否显著区分违约状态，没有考虑指标对信用等级，即违约损失率是否有影响的弊端。

8　研究结论与展望

8.1　研究结论

8.1.1　结论

（1）小企业信用风险评价指标体系构建的结论

一是在构建信用风险评价指标体系时，要保证信用风险评价指标体系中的每一个指标对违约状态都有显著的鉴别能力。

二是一个好的信用风险评价指标体系必须要简洁，不能过于繁杂，因此需要剔除反映信息重复的指标。

三是建立了一套包括超速动比率、近三年企业授信情况、城市居民人均可支配收入等16个指标，涵盖财务因素、非财务因素、宏观环境因素等7个层面的适用于小企业的信用风险评价指标体系，该体系的违约判断准确率高达95.6%。

（2）小企业信用风险评价模型建立的结论

一是通过对比基于信息含量的客观赋权法中的熵权法、变异系数法及均方差法，以及基于违约鉴别能力的客观赋权法中的Wilks'Lambda法及ROC曲线赋权法，发现Wilks'Lambda法的贴近度值C=0.703，在这5种赋权方法中违约鉴别能力最强，因此Wilks'Lambda法最适用于信用风险评级。

二是以中国某商业银行近20年来的3 045笔小企业贷款数据的为样本的实证结果表明小企业财务因素、非财务因素权重比值是0.113:0.887，即非财务因素对小企业信用风险的影响至关重要。

（3）小企业信用等级划分的结论

一是信用等级划分要保证信用等级高的客户对应较低的违约损失率，要满足信用等级与违约损失率呈反向关系，即"信用等级高的客户违约损失率低，信用等级低的客户的违约损失率高"的违约金字塔标准。

二是信用等级划分要保证将相同信用特征的客户归为一类，从而避免产生信用状况相近的客户被划分为不同信用等级的逻辑混乱。

三是信用等级划分结果要具有区间不敏感的优点。如若不然，只要客户信用得分稍微发生变化，客户的信用等级就会发生变化，会造成商业银行等债权人投资决策失误。

（4）小企业关键指标和关键特征挖掘的主要结论

一是"X_{10}超速动比率""X_{52}居民消费价格指数""X_{55}相关行业的从业年限""X_{76}近三年企业授信情况""X_{81}抵押、质押、担保得分"等13个指标，是对小企业信用等级，即违约损失率有显著影响的关键指标。

二是对财务指标"X_{10}超速动比率"而言，其关键特征是区间为C_3：[0，0.5)，即具有该特征的小企业是违约风险最大的贷款客户。

三是对宏观经济指标"X_{53}城市居民人均可支配收入"而言，其关键特征是区间为C_1：[0.3，1.2]，即具有该特征的小企业最容易发生违约。

四是对企业负责人的能力及经验指标"X_{55}相关行业的从业年限"而言，其关键特征是区间为C_3：[5，8)，即具有该特征的小企业的违约风险最大。

五是对企业基本情况指标"X_{76}近三年企业授信情况"而言，其关键特征是C_2：有授信记录、有违约、已结清的小企业是违约风险最大的贷款客户。

六是抵押担保因素满足"X_{81}抵押、质押、担保得分"区间为C_2：（0，0.7）的小企业是违约风险最大的贷款客户。

8.1.2　研究创新点

（1）根据信用分数聚类和违约金字塔标准划分信用等级。

本书以每一等级内客户信用得分的组内离差最小为目标函数，确保信用得分相似的客户划分为同一个等级；以下一个等级的违约损失率大于上一个等级的违约损失率严格递增为约束条件，建立信用等级划分的非线性规划模型，使信用等级划分结果在相同等级不同客户的信用状况大致相近的情况下，满足"信用等级与违约损失率间呈反向关系"，不仅改变现有研究的评级结果往往出现信用等级不低、违约损失率反而很高的荒谬现象；而且改变现有评级结果仅能给出客户的排序，无法测算违约损失率的不足。

（2）甄别具有哪种特征的客户的违约风险最大。

在1个关键指标对应不同特征的情况下，例如"企业授信情况"这一关键指标就对应"无授信记录""有授信记录、无违约、无转贷""有授信记录、无违约、有转贷""有授信记录、有违约、未结清""有授信记录、有违约、已结清"5种特征，本书以不同特征内部客户违约损失率的组内方差为标准，构建判断尺度LSD，检验不同特征违约损失率是否有显著差异，在有显著差异的不同特征中，通过比较违约损失率的大小，确定在"企业授信情况"这一关键指标中，拥有哪一种授信情况特征的客户的违约风险最大。若某一个特征的违约损失率全都显著大于其他特征的违约损失率，该特征即为关键特征。本书抓住信用风险管理的关键，开拓信用风险评级理论的新思路，从根本上改变现有研究仅立足于客户的排序却忽略信用风险管理中的关键要素及对其关键特征进行深度挖掘、探索的现状。

（3）在不同赋权方法中遴选出一种违约鉴别能力最强的赋权方法。

本书根据信用评价方程 $S_j=w_1x_{1j}+w_2x_{2j}+\cdots+w_nx_{nj}$ 确定客户的信用得分，通过客户信用评分与正、负理想点的距离构建反映评级结果违约鉴别能力的贴近度 C。若违约客户的信用评分越接近最差值 0，非违约客户的信用评分越接近最优值 1，则贴近度 C 越大，相应的赋权方法越能在最大程度上区分违约客户与非违约客户，进而在不同的赋权方法中遴选出贴近度最大、违约鉴别能力最强的一种，确保违约客户的评分低、非违约客户的评分高，不仅能避免现有评级结果不能有效区分违约客户与非违约客户，使得二者存在大量重叠的不足；而且能避免现有研究随机主观选择赋权方法，没有与评价目的相联系的不足。

8.2　研究展望

小企业财务信息不健全，目前没有行之有效的小企业信用风险评价指标体系，因而在小企业信贷方面，银行囿于风险控制问题，对小企业采取惜贷政策，贷款难、融资难的问题非常严重。本书通过建立一套合理的信用风险评价指标体系，不仅可以得到客户信用等级的排序，而且能确定每个信用等级客户的违约损失率大小，为投资者进行债券投资提供决策参考，为商业银行的贷款定价提供违约风险溢价的测算依据。由于作者研究时间、研究水平的限制，本书仍存在有待改进的地方。

（1）实证数据中样本的选取具有一定的局限，需要完善。

本书中的实证数据选取的是某区域性商业银行分布在京、津、沪、渝等 28 个城市，自 1994 年以来 20 年的样本，其中，涉及 769 个小企业的 3 045 笔贷款样本，其中违约样本 50 笔，非违约样本 2 995 笔。

实证数据中的违约样本数量仅有 50 笔，这主要是由于商业银行开展小企业贷款业务的时间不是特别长，银行自身的小企业数据资源就较少；而同时银行在发放小企业贷款时审核非常严格，因此对于小企业贷款而言，违约样本数量少是普遍存在的现象。

（2）研究对象的选取可以进一步细化。

本书以小企业为实证对象，根据国家工业和信息化部、国家统计局、国家发展和改革委员会、财政部四部委于 2011 年 6 月 18 日颁布的《中小企业划型标准规定》，将小企业按照行业类别分为农、林、牧、渔业，工业企业、建筑业等 16 类。

由于不同行业的小企业特点不同，违约情况也千差万别。不同行业受国内外宏观环境、地区发展程度及产品供求关系影响不同，违约损失情况有显著区别。若在建立小企业信用风险评级系统时对行业不加区分，则评级系统无法体现各行业的违约特征，从而无法有效鉴别客户的违约状态。因此，在下一步研究中会针对不同行业分别建立不同的信用风险评价指标体系。

（3）信用等级划分模型有待进一步研究。

本书第 5 章基于违约金字塔和信用分数聚类的信用等级划分模型的研究，是根据违约金字塔标准，即信用等级高的客户的违约损失率低的标准进行等级划分，没有进一步解释信用等级与违约概率之间的关系。因此，在下一步研究中针对同时考虑违约损失率和违约概率时的信用等级划分。

（4）根据信用风险评级结果确定如何对小企业客户进行贷款定价，值得进一步研究。

对小企业客户进行信用等级的划分并挖掘不同等级客户的违约损失率，可以为贷款决策提供强有力的支持。对商业银行而言，对小企业进行信用风险评级的目的，是确定小企业是否值得银行对其发放贷款，同时又以什么样的利率进行贷款发放。因此，在下一步研究中，需要结合挖掘出的不同信用等级的违约损失率确定一个合理的贷款定价模型，使得商业银行不仅能够清楚地知道对哪些等级的客户不能发放贷款，对能发放贷款的客户需要以一个什么样的利率进行发放。

主要参考文献

[1] WANG T C, Chen Y H.Applying Rough Sets Theory to Corporate Credit Ratings [C]. IEEE International Conference: Service Operations and Logistics, and Informatics, 2006: 132-136.

[2] ILEANA Nicula. Some Aspects Concerning the Measurement of Credit Risk [J]. Procedia Economics and Finance, 2013 (6): 668-674.

[3] DERVIZ A, PODPIERA J. Predicting Bank CAMELS and S&P Ratings: The Case of the Czech Republic [J]. Emerging Markets Finance & Trade, 2008, 44 (1): 117-130.

[4] LAWRENCE J. Markets: The Credit Rating Agencies [J]. Journal of Economic Perspectives, 2010, 24 (2): 211-226.

[5] 徐广军，倪晓华. 标准普尔、穆迪、邓白氏企业信用评价指标体系比较研究 [J]. 浙江金融，2007，3（5）：51-52.

[6] 辛飞，孙永广. 日本小企业信用风险度量及启示 [J]. 金融理论与实践，2005（7）：80-81.

[7] 中国工商银行. 关于印发《中国工商银行小企业法人客户信用等级评定办法》的通知 [R]. 北京：中国工商银行，2005.

[8] 中国建设银行. 中国建设银行小企业客户评价办法 [R]. 北京：中国建设银行，2007：1-8.

［9］ 陈婧. 花旗银行的业务风险和信贷政策［J］. 现代商业银行. 1999（2）: 58-60.

［10］ Fair Isaac Corporation.Free FICO Credit Score［EB/OL］.［2012-10-17］. http: //www.myfico.com/Default.aspx.

［11］ 大公国际资信评估有限公司. 大公商业银行信用评级方法框架［R］. 北京: 大公国际资信评估有限公司, 2005（6）.

［12］ 中国邮政储蓄银行. 中国邮政储蓄银行商户信用评级表［R］. 北京: 中国邮政储蓄银行, 2009.

［13］ FRANCESCO D, FRANCESCO G, FABRIZIO C.Determinants of SME credit worthiness under Basel rules: the value of credit history information［J］. PSL Quarterly Review.2014, 66（264）: 21-47.

［14］ ELISABETH V L, BART B.The Development of a Simple and Intuitive Rating System Under Solvency Ⅱ［J］. Insurance: Mathematics and Economics, 2010（46）: 500-510.

［15］ 高丽君. 基于贝叶斯模型平均生存模型的中小企业信用风险估计［J］. 中国管理科学, 2012（20）: 327-331.

［16］ DIERKES M, ERNER C, LANGER T, NORDEN L.Business Credit Information Sharing and Default Risk of Private Firms［J］. Journal of Banking & Finance, 2013, 37（8）: 2867-2878.

［17］ 楼霁月. 科技型中小企业信用评级影响因素分析［J］. 统计与决策, 2013（16）: 186-188.

［18］ SHI B, CHI G.A Model for Recognizing Key Factors and Applications Thereof to Engineering［J］. Mathematical Problems in Engineering, 2014.

［19］ 李菁苗, 吴吉义, 章剑林. 电子商务环境下中小企业债信评价［J］. 系统工程理论与实践, 2012, 32（3）: 555-560.

［20］ CHI G T, ZHAO Z C, MOHAMMAD Z A.Credit Risk Rating System of Small Enterprises Based on the Index Importance［J］. International Journal of Security & Its Applications, 2017, 11（6）: 35-52.

［21］ LI H, CHEN J.The Credit Rating of Small and Medium-sized Enterprises Based on the Grey Hierarchy Evaluation Model［C］. Information Science and Engineering（ICISE）, 2010: 3247-3250.

［22］ WANG S, QI Y, FU B, LIU H.Credit Risk Evaluation Based on Text Analysis［J］. International Journal of Cognitive Informatics and Natural Intelligence, 2016, 10（1）.

[23] 张奇，胡蓝艺，王廷. 基于Logit与SVM的银行业信用风险预警模型研究 [J]. 系统工程理论与实践，2015，35（7）：1784-1790.

[24] 迟国泰，张亚京，石宝峰. 基于Probit回归的小企业债信评级模型及实证 [J]. 管理科学学报，2016，19（6）：136-156.

[25] MILERIS R.Macroeconomic Determinants of Loan Portfolio Credit Risk in Banks [J]. Engineering Economics，2012，23（5）：496-504.

[26] TERRY H. Quantitative Credit Risk Assessment Using Support Vector Machines: Broad Versus Narrow default definitions [J]. Expert Systems with Applications，2013，40（12）：4404-4413.

[27] CHI B W，HSU C C.A Hybrid Approach to Integrate Genetic Algorithm into Dual Scoring Model in Enhancing the Performance of Credit Scoring Model [J]. Expert Systems with Applications，2012，39（3）：2650-2661.

[28] SHI B，CHI G.A Credit Risk Evaluation Index Screening Model of Petty Loans for Small Private Business and Its Application [J]. Advances in information Sciences and Service Sciences，2013，5（7）：1116-1124.

[29] SHI B，ZHAO J，WANG J.A Credit Rating Attribute Reduction Approach Based on Pearson Correlation Analysis and Fuzzy-rough Sets [J]. ICIC Express Letters，2016，10（2）：519-525.

[30] HENS A B，TIWARI M K. Computational Time Reduction for Credit Scoring: An Integrated Approach Based on Support Vector Machine and Stratified Sampling Method [J]. Expert Systems with Applications，2012，39（8）：6774-6781.

[31] ORESKI S，ORESKI G. Genetic Algorithm-based Heuristic for Feature Selection in Credit Risk Assessment [J]. Expert systems with applications，2014，41（4）：2052-2064.

[32] LIANG D，TSAI C F，WU H T. The Effect of Feature Selection on Financial Distress Prediction [J]. Knowledge-Based Systems，2015，73：289-297.

[33] GENG R，BOSE I，CHEN X. Prediction of Financial Distress: An Empirical Study of Listed Chinese Companies Using Data Mining [J]. European Journal of Operational Research，2015，241（1）：236-247.

[34] LIAO H H，CHEN T K，LU C W.Bank Credit Rrisk and Structural Credit Models: Agency and Information Asymmetry Perspectives [J]. Journal of Banking & Finance，2009，33（8）：1520-1530.

[35] JONES S, JOHNSTONE D, WILSON R.An Empirical Evaluation of The Performance of Binary Classifiers in The Prediction of Credit Ratings Changes [J]. Journal of Banking & Finance, 2015, 56: 72-85.

[36] MANDALA I, NAWANGPALUPI C B, PRAKTIKTO F R.Assessing Credit Risk: An Application of Data Mining in a Rural Bank [J]. Procedia Economic and Finance, 2012 (4): 406-412.

[37] 迟国泰, 潘明道, 程砚秋. 基于综合判别能力的农户小额贷款信用评价模型 [J]. 管理评论, 2015, 06 (27): 42-57.

[38] 熊伟, 范闾翾, 胡玉蓉. 企业质量信用评价指标体系的构建——基于浙江省456家制造业的实证分析 [J]. 华东经济管理, 2013, 11 (27): 1-5.

[39] 吴青. 大数据背景下跨境电子商务信用评价体系构建 [J]. 商业经济研究, 2017, (06): 62-64.

[40] 周针竹, 陈璐, 牛霞. 基于"三维信用论"的小微企业信用评价指标体系研究 [J]. 征信, 2017, 35 (01): 15-21.

[41] 李战江. 微型企业信用评价指标体系的构建 [J]. 技术经济, 2017, 36 (02): 109-116.

[42] 方匡南, 章贵军, 张惠颖. 基于Lasso-logistic模型的个人信用风险预警方法 [J]. 数量经济技术经济研究, 2014 (2): 125-136.

[43] 马晓君. 基于数据挖掘的新标准客户信用风险管理规则的构建——以央企中航国际钢铁贸易公司为例 [J]. 管理世界, 2015 (3): 184-185.

[44] 石宝峰. 基于违约金字塔原理的小企业信用评级模型研究 [D]. 大连: 大连理工大学, 2014.

[45] 程砚秋. 基于支持向量机的农户小额贷款决策评价研究 [D]. 大连: 大连理工大学, 2011.

[46] 孟斌. 基于违约状态判别的小型建筑企业信用评价模型研究 [D]. 大连: 大连理工大学, 2015.

[47] Akkoç S.An Empirical Comparison of Conventional Techniques, Neural Networks and The Three Stage Hybrid Adaptive Neuro Fuzzy Inference System (ANFIS) Model for Credit Scoring Analysis: The Case of Turkish Credit Card Data [J]. European Journal of Operational Research, 2012, 222 (1): 168-178.

[48] DIMITRIOS N, MICHAEL D, CONSTANTIN Z.Combining market and accounting-based models for credit scoring using a classification scheme based on support vector machines [J]. Applied Mathematics and Computation, 2014, 234: 69-81.

［49］ MARIA D C, ANTONIO B O, RAFAEL P M, et al. Improving the Management of Microfinance Institutions By Using Credit Scoring Models Based on Statistical Learning Techniques ［J］. Expert Systems with Applications, 2013, 40 (17): 6910-6917.

［50］ ZARKIC J, DJORDJE S, ANTONIO B. Credit Scoring Models for the Microfinance Industry Using Neural Networks: Evidence from Peru ［J］. Expert Systems with Applications, 2013, 40 (1): 356-364.

［51］ GORDINI N. A Genetic Algorithm Approach for SMEs Bankruptcy Prediction: Empirical Evidence from Italy ［J］. Expert Systems with Applications, 2014, 41 (14): 6433-6445.

［52］ ZHONG H, MIAO C, SHEN Z. Comparing the Learning Effectiveness of BP, ELM, I-ELM, and SVM for Corporate Credit Ratings ［J］. Neurocomputing, 2014, 128: 285-295.

［53］ Bequé A. Stefan Lessmann. Extreme Learning Machines for Credit Scoring: An Empirical Evaluation ［J］. Expert Systems with Applications, 2017, 86: 42-53.

［54］ 胡海青, 张琅, 张道宏. 供应链金融视角下的中小企业信用风险评估研究——基于SVM与BP神经网络的比较研究 ［J］. 管理评论, 2012, 11: 70-80.

［55］ 余乐安. 基于最小二乘近似支持向量回归模型的电子商务信用风险预警 ［J］. 系统工程理论与实践, 2012, 32 (3): 508-514.

［56］ 陈雄华, 林成德, 叶武. 基于神经网络的企业信用等级评估 ［J］. 系统工程学报, 2012, 17 (6): 570-575.

［57］ 张大斌, 周志刚, 许职, 等. 基于差分进化自动聚类的信用风险评价模型研究 ［J］. 中国管理科学, 2015, 23 (4): 39-45.

［58］ 裴平, 郭永济. 基于贝叶斯网络的P2P网贷借款人信用评价模型 ［J］. 中国经济问题, 2017 (02): 29-41.

［59］ 庞素林, 王燕鸣, 黎荣舟. 基于BP算法的信用风险评价模型研究 ［J］. 数学的实践与认识, 2003, 33 (8): 48-55.

［60］ 刘云焘, 吴冲, 王敏, 等. 基于支持向量机的商业银行信用风险评估模型研究 ［J］. 预测, 2005, 24 (1): 52-55.

［61］ FERREIRA F A F, SANTOS S P, DIAS V M C. An AHP-based Approach to Credit Risk Evaluation of Mortgage Loans ［J］. International Journal of Strategic Property Management, 2014, 18 (1): 38-55.

［62］ DOU Y D, YUAN Y B, LIU Y. The Early Warning Research of Credit Risk for Commercial Banks——Based on AHP and Variable Fuzzy Set Model [J]. Technoeconomics & Management Research, 2011.

[63] CHI G T, HAO J, CHENG X U, et al.Cluster Analysis for Weight of Credit Risk Evaluation Index [J]. Systems Enging-theory Methodology Application, 2001.

[64] 林泽阳, 林建华. 一种基于盲数的主观赋权法研究磁 [J]. 计算机与数字工程, 2015 (6): 1073-1077.

[65] 李刚, 曹宏举, 贾秀娇. 基于一致性排序的群组G1赋权方法 [J]. 统计与决策, 2010, (21): 21-23.

[66] 李刚, 周立斌, 曹宏举. 基于理想排序的群组G2赋权方法研究 [J]. 数理统计与管理, 2012, 31 (2): 316-324.

[67] WANG X P, YAN L Y.The Fuzzy Evaluation of Power Listed Companies' Credit Risk Based on Entropy Weight [J]. Key Engineering Materials, 2010, 439-440: 104-108.

[68] EICKMEIER S, NG T. How Do Credit Supply Shocks Propagate Internationally? A GVAR Approach [J]. CEPR Discussion Papers, 2011, 8720.

[69] CHEN Y, SHI Y, WEI X, et al.How Does Credit Portfolio Diversification Affect Banks' Return and Risk? Evidence from Chinese Listed Commercial Banks [J]. Technological and Economic Development of Economy, 2014, 20 (2): 332-352.

[70] LYRA M, ONWUNTA A, Winker P.Threshold Accepting for Credit Risk Assessment and Validation [J]. Journal of Banking Regulation, 2014.

[71] SU Y, LU N.Supply Chain Finance Credit Risk Evaluation Method Based on Self-Adaption Weight [J]. Journal of Computer & Communications, 2015, 3 (7): 13-21.

[72] ONO A, HASUMI R, HIRATA H.Differentiated Use of Small Business Credit Scoring by Relationship Lenders and Transactional Lenders: Evidence from Firm bank Matched Data in Japan [J]. Journal of Banking & Finance, 2014, 42: 371-380.

[73] HUANG H, SHI X, ZHANG S.Counter-cyclical Substitution Between Trade Credit and Bank Credit [J]. Journal of Banking & Finance, 2011, 8 (8): 1859-1878.

[74] 李刚, 程砚秋, 董霖哲, 等. 基尼系数客观赋权方法研究 [J]. 管理评论, 2014, 26 (1): 12-22.

[75] 俞立平，潘云涛，武夷山．一种新的客观赋权科技评价方法——独立信息数据波动赋权法 DIDF［J］．软科学，2010，24（11）：32-37.

[76] 俞立平，武夷山．学术期刊客观赋权评价新方法——指标难度赋权法［J］．现代图书情报技术，2011，27（4）：64-70.

[77] 周文坤．模糊偏好下多目标群体决策的一种客观赋权方法［J］．数学的实践与认识，2006，36（3）：33-38.

[78] 龙云飞．基于熵权法的中小企业供应链融资信用风险评价［J］．统计与决策，2013（13）：177-179.

[79] 吕品，原毅军．基于 Theil 系数组合赋权的银行类金融机构信用评价研究［J］．科技与管理，2014，16（3）：111-118.

[80] 于兆吉，胡祥培，毛强．电子商务环境下信用评级的一种新方法［J］．控制与决策，2009，24（11）：1668-1672.

[81] CHE Z H, WANG H S, CHUANG C L.A fuzzy AHP and DEA Approach for Making Bank Loan Decisions for Small and Medium Enterprises in Taiwan［J］. Expert Systems with Applications, 2011, 37（10）: 7189-7199.

[82] CHEN Y. Classifying Credit Ratings for Asian Banks Using Integrating Feature Selection and The CPDA-based Rough Sets Approach［J］. Knowledge based systems, 2012（26）: 259-270.

[83] LIU H C, YOU J X, YOU X Y, et al.A novel Approach for Failure Mode and Effects Analysis Using Combination Weighting and Fuzzy VIKOR Method［J］. Applied Soft Computing, 2015, 28（C）: 579-588.

[84] LIU H S, KUANG J C. Application of Combination-weighting Set-pair Analysis to Gasfield Development Scheme［J］. Natural Gas Technology & Economy, 2012, 193（1）: 127-35.

[85] GALAR M, Fernández A, Barrenechea E, et al. DRCW-OVO: Distance-Based Relative Competence Weighting Combination for One-vs-One Strategy in Multi-class Problems［J］. Pattern Recognition, 2015, 48（1）: 28-42.

[86] REN J, XIONG Y. An Optimised Method of Weighting Combination in Multi-index Comprehensive Evaluation［J］. International Journal of Applied Decision Sciences, 2010, 3（1）: 34-52（19）.

[87] SHI L, DONG H. Selecting IT-outsourcing Suppliers based on Combination Weighting-Double Base Points Model［J］. International Journal of Digital Content Technology & Its Applications, 2012, 6（16）:

112-119.

[88] XUAN, Li, XINPING, et al. Study on the Combination Weighting Method of Hybrid Multiple Attribute Decision-making [C] //Grey Systems and Intelligent Services (GSIS), 2011 IEEE International Conference on.IEEE, 2011: 561-565.

[89] LIU G S, CHUN M, NIE C L, et al.Set Pair Analysis of Slope Stability Evaluation Based on Combination Weighting Game Theory [J]. Journal of Yangtze River Scientific Research Institute, 2014, 31 (6): 83-88.

[90] SANTOS R, VELLASCO M. Neural Expert Weighting: A New Framework for Dynamic Forecast Combination [J]. Expert Systems with Applications, 2015, 42 (22): 8625-8636.

[91] MENG B, CHI G. New Combined Weighting Model Based on Maximizing the Difference in Evaluation Results and Its Application [J]. Mathematical Problems in Engineering, 2015, doi: 10.1155 / 2015 / 239634.

[92] 张目, 黄春燕, 李岩. 基于相对熵和可变模糊集理论的战略性新兴产业企业信用评价 [J]. 数学的实践与认识, 2014 (13): 18-26.

[93] 张雪丽, 杨中原. 基于组合赋权的银行信用评价模型研究 [J]. 商业研究, 2010 (9): 36-38.

[94] 陈晓红, 杨志慧. 基于改进模糊综合评价法的信用评估体系研究——以我国中小上市公司为样本的实证研究 [J]. 中国管理科学, 2015, 23 (1): 146-153.

[95] 迟国泰, 潘明道, 齐菲. 一个基于小样本的银行信用风险评级模型的设计及应用 [J]. 数量经济技术经济研究, 2014 (6): 7.

[96] 李步军, 高玉红, 王继顺. 基于灰区间关联分析的银行个人信用优化评估模型 [J]. 数学的实践与认识, 2016 (9): 289-292.

[97] 金佳佳, 米传民, 徐伟宣, 等. 考虑专家判断信息的灰色关联极大熵权重模型 [J]. 中国管理科学, 2012, 20 (2): 15-16.

[98] 程砚秋. 基于违约判别度的小企业信用风险评价研究 [J]. 科研管理, 2015, 36: 510-517.

[99] 程启月. 测评指标权重确定的结构熵权法 [J]. 系统工程理论与实践, 2010, 30 (7): 1225-1228.

[100] 熊金石, 秦洪涛, 李建华, 等. 基于信息熵的安全风险评估指标权重确定方法 [J]. 系统科学学报, 2013, 21 (2): 82-84, 89.

[101] 石宝峰, 程砚秋, 王静. 变异系数加权的组合赋权模型及科技评价实证

[J]. 科研管理，2016，37（5）：122-131.

[102] 宁宝权，陈华平. 基于组合赋权的村镇商铺供应商综合评价 [J]. 数学的实践与认识，2016，（1）：12-17.

[103] CANTOR R，PACKER F. Determinants and Impact of Sovereign Credit Ratings [J]. Federal Reserve Bank of New York，Economic Policy Review，1996（2）：37-55.

[104] Basel Committee on Banking Supervision，International convergence of capital measurement and capital standards [J]. BIS（2004）：239.

[105] GESTEL T V，BAESENS B，DIJCKE P V，et al. A Process Model to Develop An Internal Rating System：Sovereign Credit Ratings [J]. Decision Support Systems，2006，42（2）：1131-1151.

[106] GUPTON G，FINGER C，BHATIA M. Credit Metrics TM—Technical Document [M]. New York：J.P. Morgan & Co. Incorporated，April 2，1997：5-22，43.

[107] CREDIT SUISSE FIRST BOSTON. Credit risk +：A Credit Risk Management Framework [R]. Credit Suisse First Boston International，1997：3-29.

[108] FLOREZ L R. Modeling of Insurers' Rating Determinants：An Application of Machine Learning Techniques and Statistical Models [J]. European Journal of Operational Research，2007，183（3）：1488-1512.

[109] LYRA M，PAHA J，PATERLINI S，Winker P. Optimization Heuristics for Determining Internal Rating Grading Scales [J]. Computational Statistics and Data Analysis，2010，54：2693-2706.

[110] THIEMO K，SANDRA P，ANDREA R. The Optimal Structure of PD Buckets [J]. Journal of Banking & Finance，2008，32：2275-2286.

[111] ZHANG Y，CHI G. A Credit Rating Model Based on A Customer Number Bell-shaped Distribution [J]. Management Decision，2018.

[112] POLITO V，WICKENS M. Modelling the U.S. Sovereign Credit Rating [J]. Journal of Banking & Finance，2014（46）：202-218.

[113] DOUMPOS M，NIKLIS D，ZOPOUNIDIS C. Combining Accounting Data and a Structural Model for Predicting Credit Ratings：Empirical Evidence from European Listed Firms [J]. Journal of Banking & Finance，2015，50：599-607.

[114] ANGILELLA S，Mazzù S. The Financing of Innovative SMEs：A

Multicriteria Credit Rating Model [J]. European Journal of Operational Research, 2014, 244 (2): 540-554.

[115] HOTI S, MCALEER M. An Empirical Assessment of Country Risk Ratings and Associated Models [J]. Journal of Economic Surveys, 2004, 18 (4): 539-588.

[116] 迟国泰, 程砚秋. 基于信用等级与违约损失率匹配的信用评级调整方法: 中国, ZL201210201114.3 [P]. 2015-09-16.

[117] 迟国泰, 石宝峰. 基于信用等级与违约损失率匹配的信用评级系统与方法: 中国, ZL201210201461.6 [P]. 2015-08-19.

[118] ALTMAB E, KATZ S. (1976) Statistical bond rating classification using financial and accounting data. In: Sorter G, Schiff M (eds) Topical research in accounting [C]. New York: NYU Press.

[119] HINES M A, ANG J S, PATEL K A.Bond Rating Methods: Comparison and Validation [J]. The Journal of Finance, 1975, 30 (2): 631-40.

[120] KIM K S. Predicting Bond Ratings Using Publicly Available Information [J]. Expert Systems with Applications, 2005, 29 (1): 75-81.

[121] LEE Y C. Application of Support Vector Machines to Corporate Credit Rating Prediction [J]. Expert Systems with Applications, 2007, 33 (1): 67-74.

[122] HWANG R C, CHUNG H, CHU C K. Predicting Issuer Credit Ratings Using A Semiparametric Method [J]. Journal of Empirical Finance, 2010, 17 (1): 120-137.

[123] DOUMPOS M, NIKLIS D, ZOPOUNIDIS C, et al. Combining Accounting Data and A Structural Model for Predicting Credit Ratings: Empirical evidence from European listed firms [J]. Journal of Banking & Finance, 2015, 50 (C): 599-607.

[124] 盛夏, 李斌, 张迪. 基于数据挖掘的上市公司信用评级变动预测 [J]. 统计与决策, 2016 (15): 159-162.

[125] 张云起, 李军, 戴文凤. 运用模糊聚类进行客户信用等级评价 [J]. 中国管理科学, 2005: 508-512.

[126] 沈璟. 中小型上市公司信用级别的划分——基于SAS的聚类分析和判别分析 [J]. 企业导报, 2009 (9): 15-16.

[127] MIN J, LEE Y. A Practical Approach to Credit Scoring [J]. Expert Systems with Applications, 2008, 35 (4): 1762-1770.

[128] CHEN J, DENG Y. Commercial Mortgage Workout Strategy and

Conditional Default Probability：Evidence from Special Serviced CMBS loans ［J］. The Journal of Real Estate Finance and Economics，2013，46（4）：609-632.

［129］ MOON T，KIM Y，SOHN S. Technology Credit Rating System for Funding SMEs ［J］. Journal of the Operational Research Society，2011（62）：608-615.

［130］ ZHI H Y，YANG Z Y. Research on Credit Rating of SMEs Based on Combination Evaluation ［C］. 2011 International Conference on Business Management and Electronic Information，2011：661-664.

［131］ 羊斌. 基于K-均值动态聚类分析的企业信用等级划分法［J］. 计算机光盘软件与应用，2013（20）：69-70.

［132］ 张洪祥，毛志忠. 基于多维时间序列的灰色模糊信用评价研究［J］. 管理科学学报，2011，14（1）：28-37.

［133］ BOATENG A，ABDULRAHMAN M D.Micro Small-sized Enterprises and Bank Credit Evidence from West Africa ［J］. Journal of Emerging Market Finance，2013，12（2）：129-150.

［134］ CHEN Y，HUANG R J，TSAI J，et al. Soft Information and Small Business Lending ［J］. Journal of Financial Services Research，2015，47（1）：115-133.

［135］ CHI G T，YANG N.Information Use in the Chinese Loan Market ［J］. SSRN Electronic Journal，2012.

［136］ LI Xia，CHRISTOPHER G，Baiding H. Accessibility to Microcredit by Chinese Rural Households ［J］. Journal of Asian Ecnomics，2011，22（3）：235-246.

［137］ HAI L，BAOFENG S，GUORONG P. A Credit Risk Evaluation Index System Establishment of Petty Loans for Farmers Based on Correlation Analysis and Significant Discriminant ［J］. Journal of Software，2013，8（9）：2344-2351.

［138］ BREHANU A，BEKABIL F.Repayment rate of loans from semi-formal financial institutions among small-scale farmers in Ethiopia：Two-limit Tobit analysis ［J］. Journal of Socio-Economics，2008，37（6）：2221-2230.

［139］ MUSTAFA K，Özgür A，Mehmet B K.Credit Risk Evaluation of Turkish Households Aftermath the 2008 Financial Crisis ［M］. Cham：Springer International Publishing：2017，417-430.

[140] HARTARSKA V, DENIS N. Does rating help microfinance institutions raise funds? Cross -country Evidence [J]. International Review of Economics & Finance, 2007, 17 (4): 558-571.

[141] PSILLAKI M, TSOLAS I, MARGARITIS. Evaluation of credit risk based on firm performance [J]. European Journal of Operational Research, 2010, 201 (3): 873-881.

[142] LIAO H H, CHEN H. Bank credit risk and structural credit models: agency and information asymmetry perspectives [J]. Journal of Banking & Finance, 2009, 33 (8): 1520-1530.

[143] MILERIS R, BOGUSLAUSKAS V. Credit Risk Estimation Model Development Process: Main Steps and Model Improvement [J]. Inzinerine Ekonomika Engineering Economics, 2011, 22 (2): 126-133.

[144] 徐晓萍, 马文杰. 非上市中小企业贷款违约损失率的定量分析——基于判别分析法和决策树模型的分析 [J]. 金融研究, 2011 (3): 111-120.

[145] 赵志冲, 迟国泰. 基于似然比检验的工业小企业债信评级研究 [J]. 中国管理科学, 2017, 25 (1): 46-56.

[146] JAMES C. Mainstreaming M: Social Performemance Management or Mission Drift? [J]. World Development, 2007, 35 (10): 1721-1738.

[147] 田代臣, 王骄阳. 农户贷款需求与供给的调查分析——以白色右江、田阳等五县区为例 [J]. 区域金融研究, 2009 (9): 44-45.

[148] JHA S, KAMALJIT S, BAWA. The Economic and Environment Outcomes of Microfiance Projects: An Indian Case Study [J]. Environment, Development and Sustainability, 2007, 9 (3): 229-239.

[149] RUBANA M. Microfinancing in Bangladesh: Impact on households, consumption and welfare [J]. Journal of Policy Modeling, 2008, 2 (7): 1-10.

[150] OKORIE A. Major determinants of agricultural smallholder loan repayment in developing economy: Empirical evidence from Ondo State Nigeria [J]. Agricultural Administration, 1986, 21 (4): 223-234.

[151] JONES S, JOHNSTONE D, WILSON R. An empirical evaluation of the performance of binary classifiers in the prediction of credit ratings changes [J]. Journal of Banking & Finance, 2015 (56): 72-85.

[152] 王霞, 吕德宏. 基于多分类有序Logit模型的农户信用等级影响因素 [J].

中国农业大学学报，2013，18（3）：209-214.

[153] FINLAY S.Multiple classifier architectures and their application to credit risk assessment［J］. European Journal of Operational Research，2011，210（2）：368-378.

[154] CHEN F L, LI F C.Combination of feature selection approaches with SVM in credit scoring［J］. Expert Systems with Applications，2010，37（7）：4902-4909.

[155] TWALA B.Multiple classifier application to credit risk assessment ［J］. Expert Systems with Applications An International Journal，2010，37（4）：3326-3336.

[156] 熊志斌. 信用评估中的特征选择方法研究［J］. 数量经济技术经济研究，2016（1）：142-155.

[157] 王磊，范超，解明明. 数据挖掘模型在小企业主信用评分领域的应用［J］. 统计研究，2014（10）：89-98.

索引